아픈 만큼 사랑합니다

이 도서의 국립중앙도서관 출판예정도서목록(CIP)은 서지정보유통지원시스템 홈페이지(http://seoji.nl.go.kr)와 국가자료종합목록 구축시스템(http://kolis-net.nl.go.kr)에서 이용하실 수 있습니다. (CIP 제어번호 : CIP2019026992)

우리시대의 수필작가선

아픈만큼 사랑합니다

공도현 수필집

수필세계사

작가의 말

부끄러움을 무릅쓰고 책을 내는 것은 글도 시간이 흐르면 수명을 다하기 때문이다. 편의점을 운영할 때 글쓰기를 시작하여 여러 번 직장을 옮겼다. 사는 집도 범어동에서 대신동으로 이사를 했다. 학생이었던 아들은 교사가 되었고, 아버지는 미수를 앞두고 계신다.

처음 글을 긁적인 곳은 초등학교 동기 카페이다. 안부를 묻다가 사연을 싣게 되었고, 차츰 용기를 내어 짧은 글을 싣게 되었다. 그러면서 글 쓰는 습관이 들게 되었고, 나는 글을 써야 하는 사람이라는 생각을 갖게 되었다. 지금 되돌아보면 글이라 할 것도 없는데 '공 작가'라 불러주며 용기를 북돋워 준 친구들에게 고맙다는 말을 전하고 싶다.

나는 책이 많은 집에서 자랐다. 초등학생 때는 부모님이 사주신 위인전과 명작동화를 읽고 또 읽어 외울 정도였다. 중학생 때는 깨알만 한 세로글씨로 된 삼국지를 여러 번 읽었다. 이후로 일본 연애소설, 무협지, 세계명작소설을 차례로 섭렵했다. "글쓰기의 충동을 자극하는 것은 독서다."라는 말처럼 독서가 나를 글 쓰도록 만들었다.

　작가가 된 이유가 하나 더 있다면 집안 분위기이다. 아버지와 막내 숙모가 수필가이고, 창원 계시는 큰 숙부는 시조 시인이며 막내 숙부는 시인이다. 명절날, 내가 쓴 글을 내놓으면 빨간 펜을 든 선배 작가들이 순서대로 붉은 흔적을 남기며 지나갔다. 국어 선생인 여동생과 문학소녀였던 아내마저 끼어들어 A4 용지를 핏빛으로 물들였다.

　이번 책을 만들며 실린 글들을 수없이 읽고 다듬었다. 수필 본연의 목적인 '감동과 깨달음'은 고사하고 문학적 깊이가 너무 얕아 부끄럽기 짝이 없다. 세상의 이치를 제대로 터득하지 못해 가족과 다투는 얘기만 가득하다. 작가의 시대적 역할을 생각할 때 한참 모자란다는 생각을 떨칠 수 없다.

　다행스럽게도 나의 글은 쉽게 읽힌다고 한다. 작가로서 지식이 깊지 못하고 성격도 단순해 어렵게 쓰려해도 그러지 못한 까닭이다. 읽는 동안 재미있게 읽으며 한 번씩 미소를 지어준다면 글쓴이로서 만족하겠다.

　끝으로 글쓰기를 지도해 주신 홍억선 교수님, 글은 제대로 쓰는지 늘 걱정해주시는 선배 수필가이신 아버님, 책을 만드는 동안 도와주신 동료 작가님들께 감사의 마음을 전한다.

여름날 도서관 창가에서
공 도 현

차례

04 　　　작가의 말

1

13 　　　정화淨化
18 　　　완장
23 　　　사주
28 　　　짜장면
32 　　　아들 장학생 만들기
36 　　　금시계
41 　　　옥의 티
46 　　　속 좁은 여자
50 　　　신천동 땅
55 　　　재개발

2

원죄	61
속물	65
애플민트의 주문	68
허니버터칩과 새우깡	73
빨간 손톱	77
일악삼지	81
무스탕	85
고모가시나	89
영양 고모부	94
조지 클루니처럼 되기	98

3

105 바람의 흔적
112 길
118 출사표
122 52점
126 파란 알약
131 선행
135 학교이데아
139 아버지의 바람
143 망각

4

둘이 사는 방법　149
술 한 잔, 차 한 잔　153
석수장이　158
아픈 만큼 사랑합니다　163
하얀 거짓말　167
뽈논병아리　171
어머니의 옻　175
다싯물 여사　180
세대주　186

5

193 늙지 않는 친구
197 회장배 골프대회
202 오동
207 집합
211 샴푸 냄새
217 야구중계와 연속극
221 쌍화차
226 예측불허
230 방황의 끝
237 빙고

241 발문 / 홍억선

1

인고의 시간 끝에 마주한 제3의 인생 길은 또 다른 정화를 꿈꾸게 될 것이다. 앞으로 인생 길에는 저 물처럼 진정 맑은 물이 오래도록 흐르게 하고 싶다.
감회에 젖어 흐르는 강물을 바라본다. 피리와 잉어가 헤엄치고, 두루미와 청둥오리가 노니는 달서천에 햇살이 내리쬔다.- 정화淨化

- 정화淨化
- 완장
- 사주
- 짜장면
- 아들 장학생 만들기
- 금시계
- 옥의 티
- 속 좁은 여자
- 신천동 땅
- 재개발

정화 淨化

놀랍다. 이토록 깨끗한 물일 줄은 꿈에도 생각하지 못했다. 도시의 생활하수와 염색공단에서 흘러나온 폐수가 뒤섞여 오염 수치가 최악일 거라 짐작했다. 그 예상을 비웃기라도 하듯, 낙동강으로 흘러가는 유출수는 여느 계곡물처럼 맑기만 하다.

십여 년 전 어느 봄날, 갑자기 벼락을 맞은 듯 몸이 심하게 떨렸다. 뜨거운 기운이 몸을 관통하는 느낌이었다. 말이 어눌해지고, 운전하는 발에 감각이 없어지더니 결국은 오른쪽 입술이 아래로 쳐졌다. 괜찮을 거라며 울먹이는 아내의 얼굴을 바라보며 서서히 의식을 잃어 갔다.

눈을 뜬 곳은 중환자실이었다. 몸을 일으키려 해도, 팔을 들어 올리려 해도 마음뿐이었다. 간호사를 불렀다. 하지만 내 입에서는 '우우~' 하는 소리만 새어 나올 뿐 아무도 오지 않았다. 이런 모습으로 평생 살아야 하나 하는 절망감에 눈물이 주르르 흘렀다.

　병실로 들어온 아내가 의식이 돌아온 나를 보너니, 안도의 숨을 내쉬었다. 표정은 앞으로 다가올 재활의 긴 여정에 대한 근심을 숨기지 못했다. 뇌출혈로 판명이 났으나 출혈량이 적고 자연 지혈이 되어 다행히 수술은 피했다고 했다.

　며칠이 지나자 간신히 팔을 들어 올릴 수 있었다. 팔을 움직여 발가락이 보이게 이불을 당겼다. 초조한 마음으로 힘을 주자 열 개 모두 내 의지대로 조금씩 움직였다. 신경이 마비된 곳이 없다는 생각에 안도했지만, 정상으로 돌아온다는 보장은 없었다. 불안과 두려움 속에서 험한 재활의 길을 참고 이겨내리라 다짐하고 또 다짐했다.

　그 무엇보다 더 급한 것은 수저를 드는 것과 입을 벌리는 것이었다. 팔을 들어 올리면 손가락은 중국집 문에 쳐놓은 발처럼 아래로 축 처졌다. 무엇을 집는다는 것은 상상할 수가 없었다. 그제야 스스로 밥을 먹을 수 있다는 것은 크나큰 축복이라는 것을 깨달았고 그 평범한 축복을 누리는 사람들이 한없이 부러웠다.

　지루한 입원 생활이 시작되었다. 치료와 재활 운동을 하면서 긴 하루해를 보냈다. 가족들과 친구들이 수시로 찾아와 위로하며 용기를 북돋우어 주었다. 혼돈과 절망과 희망이 교차하는 시간을 견디는 동안 내 몸은 조금씩 변화를 일으키고 있었다. 정상인이 보기에는 오십 보, 백 보였겠지만, 신체의 기능이 미세하게 회복되었다.

수 개월의 입원 생활을 접고 집으로 돌아왔다. 완쾌된 것은 아니지만 병원에서 할 수 있는 것은 다 했기에 집에서 스스로 재활을 해야 했다. 말이 제대로 되지 않아 볼펜을 입에 물고 책을 소리 내어 읽었다. 힘이 오르지 않는 다리를 질질 끌며 불 꺼진 학교 운동장을 밤이 깊도록 돌았다. 지성이면 감천이라더니 해가 바뀌자 조금씩 나아져 간단한 대화도 하고 몇 정거장 걸어서 한의원에 다닐 수 있게 되었다.

움직일 수 있게 되자 아직 젊은 나이에 그냥 집에서 시간을 보낼 수가 없었다. 정상이 아닌 몸이라 취직은 기대하지 않았다. 자그만 개인 사업을 찾는 중에 지인의 소개로 편의점 개발팀 직원을 만났다. 사전분석 결과, 일 매출은 얼마이고, 경비를 제한 월수입은 얼마 정도가 될 거라는 시장분석표를 내밀었다. 일은 아르바이트생이 하고, 나는 관리만 하면 된다는 회사의 말을 믿었다. 계획은 그러했지만, 현실은 그렇지 않았다.

일 매출은 회사가 제시한 분석표의 반에 불과했고 월수입은 회사지원금으로 간신히 적자를 면했다. 내가 쓰는 경비는 고스란히 손해를 보았다. 항의하자 예상치를 제시했을 뿐 결정은 내가 했으니 회사는 잘못한 것이 없다고 발뺌을 했다. 관리만 하면 된다고 시작했지만, 아르바이트생이 비는 시간은 내가 대신 근무해야 했다. 이직률도 높았고 예고도 없이 결근하는 경우도 허다했다. 낮과

밤이 없었다. 24 시간 중 잠시라도 문을 닫으면 그나마 적자를 메워주던 회사지원금이 없어진다 해시 혼자 꼬박 이틀을 근무한 적도 있었다.

당시 두 아들은 대입 수험생이었다. 아내는 벌이 없는 가장을 대신해서 가족들 먹여 살리느라 밤낮이 없었다. 살면서 가장 힘들었던 때가 바로 그 무렵이었고, 독기를 품고 누군가를 미워한 적이 있다면 그때였다. 자기의 실적을 위해 한 가정을, 한 인간을 그토록 힘든 구렁텅이에 빠뜨릴 수 있을까 하는 의문과 미움이 끝이 없었다.

몸이 다 낫지 않은 상태여서 하루 야간 근무를 하면 한 살을 더 먹는 듯 기력이 빠져나갔다. 편의점 계약은 5년이라 중도에 그만둘 수도 없었다. 해지 비용이 투자금의 두 배가 넘었다. 경비를 한 푼이라도 줄이려고 시간 지나 폐기된 삼각김밥으로 점심을 때웠다.

흐르지 않을 것 같았던 세월이었지만, 지나고 되돌아보니 아픔과 후회의 흔적을 남긴 채 바람처럼 지나갔다. 편의점 계약이 끝나던 날, 손해 본 돈보다도 고생한 게 더 억울했다. 미련을 갖지 않기로 했다. 재활의 시간을 보냈다고 자신을 스스로 위로했다.

다시 사업하려 했지만 할 의욕이 나지 않았다. 취직하기로 마음을 정하고 이곳저곳을 기웃거렸다. 어디서도 나이 많고 기술 없는 더욱이 장애인인 나를 기다리는 곳은 없었다. 구인 광고를 보고 수없이 이력서를 보내고 면접을 보러 다녔지만, 합격 통지는 받지 못했다. 그러던 중 환경공단에서 장애인 수목관리원을 모집하는 광고를 보았다. 나이가 걱정되었지만, 복지 카드와 원예 교사자격증을 앞세워 면접을 보러 갔다.

염색공단과 달서천 하류가 만나는 지점에 환경공단 사업장이 있었다. 담당자는 기간제 계약직이고 별 사유가 없으면 재계약된다고 설명했다. 힘든 일을 해보았냐고 물었다. 군대 다시 들어가는 각오로 왔다고 하자 그렇게까지 하실 필요는 없다며 웃음을 보였다.

며칠 뒤 곧바로 필요한 서류를 가지고 오라는 연락이 왔다. 가족들, 특히 아내와 아버지는 진정으로 축하와 격려를 보내 주었다. 내가 뇌출혈로 쓰러진 이후, 우리 가족은 처음으로 편하게 웃었다.

인고의 시간 끝에 마주한 제3의 인생길은 또 다른 정화를 꿈꾸게 될 것이다. 앞으로 인생길에는 저 물처럼 진정 맑은 물이 오래도록 흐르게 하고 싶다.

감회에 젖어 흐르는 강물을 바라본다. 피리와 잉어가 헤엄치고, 두루미와 청둥오리가 노니는 달서천에 햇살이 내리쬔다.

완장

 구름 위를 걷는 기분이 이럴까. 가족들의 응원을 받으며 첫 출근길에 올랐다. 그동안 다시 일하게 되기를 얼마나 손꼽아 기다렸던가. 나이 오십 후반에 이런 감정을 맛볼 줄 미처 몰랐다. 거리에 만연한 공기는 신선하고도 달콤했으며 내 얼굴에 환한 기운이 서려 있다는 것을 거울을 보지 않아도 알 수 있었다.

 '수목 관리 계약직'. 비록 일 년이라는 단서가 붙었지만, 전공을 살려 충실히 이 일에 매진하리라 다짐했다. 보수 같은 것은 이미 중요하지 않았다. 아침에 출근할 곳이 있고, 그곳에 내가 할 일이 있다는 것만으로 감사했다.

 내가 들어선 곳은 환경공단 입구에 있는 허름한 건물이었다. 기능을 다 한 경비실을 개조한 사무실로 초라하기 짝이 없었다. 일손이 필요할 때마다 단기간으로 고용된 계약직들이 모여 있었다. 그 중 유일하게 무기 계약직인 젊은 남자가 우리들의 직속 상관이었다. 그는 환경공단 근무경력이 십 년이라고 자신을 소개했다.

출근 첫날 내게 주어진 것은 은행 열매 한 자루였다. 그가 사무실에서 태연히 담배를 피우며 지난가을 모아둔 은행 열매를 물에 불려 속에 든 하얀 알을 추려내라 할 때는 수목 관리 쪽에 특별히 할 일이 없기 때문이라고 생각했다. 몇 시간에 걸쳐 깨끗하게 손질된 한 자루의 뽀얀 은행알을 차에 싣고 그의 여자 동창생들에게 나누어 주러 갈 때까지도 그를 이상하게 보지는 않았다. 하지만 그것은 앞으로 닥칠 일의 예고편에 불과했다.

사무실 뒤편에는 그가 데려다 놓은 개 한 마리가 있었다. 우리가 사무실 청소보다 우선시해야 하는 것은 그놈의 물과 사료를 확인하는 일이었다. 출근하기 무섭게 개한테로 달려가는 그는 사료와 물이 정 위치에 정량이 채워지지 않으면 심기 불편한 표정을 지었다. 점심시간이면 더욱 가관이었다. 식당에서 그는 개가 좋아할 만한 음식이 나오면 우리에게 신호를 보냈다. 우리는 식판의 음식을 비닐봉지에 담아 그에게 건네줘야 했다. 공단 내 전 직원이 드나드는 구내식당, 젊은 직원과 여자 직원들 보는 앞에서 봉지에 음식을 담기란 여간 수치스럽지 않았다.

그뿐이 아니었다. 그의 언행은 아예 횡포를 넘어 인격 모독에 가까웠다. 부부 사이의 민감한 부분까지 시시콜콜 물었다, 응대하자니 황당하고, 하지 않으려니 그의 성질을 거슬리는 게 될까 걱정이 되었다. 같은 계약직인데 앞에 붙은 '무기無期'는 어마어마한 무기武器가 되어 우리를 복종하게 했다. 제대로 된 일, 즉 수목 관리 쪽의 일보다 그로 인해 터무니없는 일에 더 많은 시간을 할애하는 동안 나는 하루에도 몇 번씩 그만두고자 하는 마음을 억눌러야 했다.

근 한 달이 지나도록 이 괴로움을 그 누구에게도 이야기하지 못했다. 그저 할 만하고, 다닐 만한 직장쯤으로 웃으며 얘기했다. 말이 수목 관리 업무지 시쳇말로 평생 해 보지 않은 막노동에 버금가는 일을 한다고 어찌 고백할 것인가. 오히려 몸이 힘든 건 얼마든지 참을 수 있었다. 저 무식하고 경우 없는 그의 얼굴만 보지 않았으면 싶었다. 물론 단 한마디도 그 앞에서 대꾸하거나 반항을 하지 못했다. 그가 이곳에서의 절대 통치자 '완장'이었기 때문이다.

그를 향한 증오가 수위를 넘으려 할 때 무슨 일인지 그가 회사에 나타나지 않았다. 윗사람들의 말로는 특별한 사정이 있어 당분간 출근을 하지 못할 것이라 했다. 그의 부재가 길어질수록 좁은 사무실은 무성한 소문과 추측으로 분분했다. 나는 속으로 쾌재를 불렀다. 사정이야 어떻든 눈엣가시 같은 그를 보지 않으니 살 것 같았고, 한참 어린 녀석에게 날마다 머리를 조아리지 않아도 되는 것이 속 시원했다.

그런데 이상한 일이 일어나고 있었다. 분명 완장은 사라졌는데 다시 예전과 비슷한 공기가 흐르기 시작한 것이다. 남은 사람 중에 가장 오래된 사람이 슬슬 우두머리 흉내를 내었다. 그토록 못마땅하던 그 남자와 꼭 닮은 행동을 하는 모양에 혼란스러워지기 시작했다. 완장의 위치에 서면 사람들은 저리되는 것인가. 혹시 내가 완장을 차게 된다면 나 역시 저렇게 변하는 것이 아닐까 하는 의문이 고개를 쳐들었다. 일개 소시민과 약자들의 세상에서 그들만의 서열이 존재하는 이상 피할 수 없는 현상임을 처음으로 인지하게 되었다.

그즈음, 누군가가 사라진 완장을 걱정하기 시작했다. 나와 같이 입사한 정 씨였다. 정 씨는 입사한 지 보름 만에 간암 판정을 받아 퇴사 위기에 처했었다고 했다. 평생의 재산인 퇴직금마저 아들 뒤치다꺼리로 써버리고 작은 임대아파트에 살고 있었는데 어렵사리 구한 이 일마저 놓치면 살길이 막막했다. 그때 평소 독선적이고 몰상식했던 완장이 두 팔을 걷고 나섰단다. 초기 암이라 비교적 수술이 간단하고, 회복하는데도 보름 정도면 충분하다는 것, 그리고 사는 형편과 인성, 복직 예상 날짜까지 언급하며 자신이 정 씨의 몫까지 책임져 업무에 차질이 없도록 하겠노라 통사정을 했단다. 결국, 병가는 받아들여졌고 요양을 마친 정 씨는 무사히 복직할 수 있었다.

결정적 순간에 발휘한 완장의 활약상에 나는 적잖이 충격을 받았다. 그것이야말로 진정한 '완장'의 가치라 할 만했다. 누가 봐도 영웅적인 모습이었다. 아내와 헤어지고 홀로 아들을 키우며 산다는 이야기에 외적 책임감과 내적 자아 사이에서 흔들리며 살아가는 한 남자의 실체가 비로소 눈에 들어왔다. 아무런 연고도 없는 신입사원을 도와준 그가 나쁜 인간이기만 한 것이 아니라는 것을 확인하자 오히려 내가 옹졸했을지도 모른다는 생각이 들었다.

세상에는 온갖 이상한 환경과 견뎌내야 하는 일들로 그득하다. 갑과 을은 서로가 서로에게 견디는 일로 엮여 있다. 그 속에서 모두가 인정하는 사람이 되기란 얼마나 어려운가. 그가 아무 일 없이 돌아온다면 이제는 세상을 조금 더 살아 본 자의 지혜를 살려 나름 영리하게 완장 대접을 할 것 같다.

사주

편의점을 시작한 지도 벌써 수년째다. 뇌출혈로 몸은 약해졌지만, 집을 지키며 무위도식할 수는 없어 시작한 일이다. 문을 열고 보니 회사에서 안내해준 수익과는 큰 차이가 났다. 겨우 적자를 면할 정도였다. 아내는 돈을 벌려고 시작한 게 아니니 너무 속상해 하지 말라고 위로해 주었다. 열심히 장사해서 월말이면 아내에게 돈뭉치를 안기고 싶었던 나의 꿈은 처음부터 어긋났다.

며칠 전 편의점 근처에서 철학관을 하는 친구가 산책 중이라며 들렀다. 신세타령했더니 철학관에 한번 들르라고 했다. 사주를 본 적은 없었지만, 친구가 권하자 흥미가 생겼다. 궁금한 마음도 있어 일을 마치고 들렀다.

친구가 풀어놓은 사주는 기뻐하지도 슬퍼하지도 못할 만큼 애매했다. 아내에게 그대로 전했더니 그런 사주가 어딨냐며 당장 가

보자고 나섰다. 친구의 철학관 앞에 도착하자, 아내는 나에게 차에서 기다리라고 하고 혼자 안으로 들어갔다.

아내를 여기까지 오게 한 나의 사주는 돈은 목木이라 밑에 나무가 잘 자랄 수 있도록 물水, 흙土이 많아야 하는데, 수와 토는 하나도 없고 쇠金만 있으니 돈벌이하고는 담쌓았다. 사업을 벌이면 무조건 망한다. 가만히 있는 게 돈 버는 거다. 그런데 평생 쓸 돈은 20대에 다 벌어놓았다. 그냥 놀면 되겠다. 얼굴이 귀상이라 남한테 업신여김은 당하지 않고 대접받겠다. 누구 덕이든 하고 싶은 건 다 하며 잘 살 팔자다. 대충 이 정도였다.

듣고 보니 딱 맞았다. 돌이켜보면 결혼하고 아무것도 하지 않았다면 지금보다 훨씬 잘 살고 있을 거란 생각이 들었다. 사업한다고 말아 먹은 돈이 한두 푼이 아니었다. '그래 난 아무것도 하지 않았어야 했어. 지금부터라도 그렇게 해야지' 하고 마음먹었다.

그 말을 들은 아내는 속이 끓어 오르는 표정이었다. 그동안 가장 노릇을 못했으면 어떻게 해서라도 만회할 생각은 않고 어디서 되지도 않은 사주풀이 하나 가져와 뒤로 벌렁 자빠지니 기가 찰 노릇이었다.

철학관에 혼자 들어간 아내는 나의 사주를 넣고 친구가 풀어내는 말을 차분히 들었다고 했다. 내가 전한 말과 다름이 없었다. 친구는 그런 사주를 가진 남편과 사는 아내가 안쓰러웠는지 조심스럽게 말을 이어갔다. 듣고 있던 아내는 웃음이 실실 새어 나왔다.

친구는 아내가 충격을 받아 웃는 줄 알고 애써 좋은 말을 섞어가며 마무리하려 했지만, 아내는 결국 폭소를 터뜨리고 말았다.

밖에서 기다리기가 지루하고 친구에게 미안한 마음도 들어 철학관으로 들어갔다. 친구는 나를 보고 그때야 그 사주의 주인공이 나란걸 알아차린 듯 벌겋게 달아올라 우리 부부의 얼굴을 번갈아 쳐다보았다.

잘 보는 사람들은 한 번 본 사주는 누구 건 줄 바로 안다던데, 그 경지까지는 아직 못 간 모양이네 하며 놀리는 말 한마디 하고 친구 곁에 앉았다. 아내에게 내가 돈 못 번다는데 뭐가 그리 우습냐고 물었다. 놀고먹어도 된다는 소리 듣고 좋아했을 내가 떠올라 도저히 참을 수가 없었다며 남은 웃음을 마저 웃었다.

이왕 온 김에 아내의 사주도 보았다. 친구는 흰 종이에 사주를 적고, 알지도 못하는 숫자와 한문을 이리저리 갈겨 써놓고는 한참을 생각하더니 풀이를 시작했다. 대단한 사주다. 여자로서는 보기 드문 거부가 될 팔자다. 그런데 사주에 남자가 없다. 미혼이었으면 부자가 되었고 명예와 지위도 상당할 수 있었다. 결혼하여 사주에 없는 남편을 만났으니 다 포기하고 남편을 먹여 살려야 하는 팔자가 되었다고 풀었다.

아내는 기도 차지 않는다는 표정을 지었다. 곧 아내의 질문이 이어졌다. 사주에 남자가 없는데 어떻게 결혼을 하게 되었는지, 아내와 결혼하지 않았으면 나는 어떻게 되었을지, 나는 무슨 팔자라서 평생 놀고먹어도 되는지를 따지듯 물었다.

　친구는 만약 아내가 나를 만나지 않았다면 아직 결혼을 못했을 거니 나를 구세주로 알라고 차분히 말했다. 그 말을 듣고 보니 결혼은 생각도 하지 않고 있다는 아내를 집요하게 따라다녔던 연애 시절이 생각났다. 나는 처복이 있어 누구하고 결혼해도 마누라가 먹여 살린다고 했다. 마지막으로 중대결단을 발표하듯 나는 무얼 해도 안 되니 좋아하는 것 하면서 그냥 살도록 하는 게 나을 거라고 아내를 바라보며 단호하게 말했다.

　친구끼리 짜고 하는 사주풀이는 아닌가 하며 의심의 눈길을 보내던 아내는 의외로 쉽게 받아들였다. 언젠가는 큰돈을 벌어올 거라는 쥐꼬리만큼 남았던 미련을 떨칠 수 있어 차라리 마음이 편하다고 했다. 말은 그렇게 했지만 아내는 텅 빈 지갑을 확인한 것처럼 낙심했다.

　그런 아내가 안 되어 보였던지 친구는 아내에게 두 갈래 길 중에 선택해보라고 했다. 잘나가는 오십 대 독신 여성과 남편과 자식이 있는 보통 가정의 여성을 제시했다. 아내와 같이 은행에 다녔던 동료 중에는 유독 독신녀가 많았다. 지금도 미혼으로 지점장을 맡은 선후배가 몇 명 있다. 아내는 한때 그들을 부러워한 적도 있었지만, 나이가 들수록 오히려 그들의 삶을 안타까워하고 있었다. 당연히 아내는 나와 두 아들이 있는 지금이 좋다고 했다. 친구는 기다렸다는 듯 그렇게 만들어준 신랑이 고맙지 않으냐고 다그쳐 물었다. 아내는 마지못해 고맙다며 대답하고는 고마울 일도 어지간히 없다는 듯 픽 웃었다.

아내는 나오면서 마지막 질문을 했다. 내가 이십 대에 평생 쓸 돈을 다 벌었다고 했는데 그 돈은 어디 있는지 물었다. 잠시 머뭇거리던 친구는 내가 이십 대 때 한 거라고는 장가 잘 간 것뿐이라 '아내'가 처복 많은 나의 전 재산이라고 했다. 아내는 친구의 말을 듣고는 기대도 하지 않았다는 듯 냉소를 지었다. 친구는 누가 벌어도 굶지는 않을 테니, 바가지 긁지 말고 만족하면서 살라더니 나만 한 신랑도 없다는 말도 양념처럼 곁들였다.

우리 부부는 그날 들은 사주풀이를 한 번씩 떠올린다. 재미로 보았지만 영 틀린 말도 아닌 것 같아 지울 수가 없다.

나는 오늘도 이십 대 때 모은 나의 전 재산을 알뜰살뜰 보살피며 살아가고 있다. 재미있는 얘기로 즐겁게 해주고, 갈고 닦은 요리 솜씨로 맛의 갈증을 풀어준다. 아내는 내가 살림에 보탬이 못되어도 별말을 않는다. 우리 부부의 인생은 서서히 친구의 사주풀이대로 되고 있다.

짜장면

　　　　　　　　　　　　　　　　　　짜장면이 나왔다.
하얀 면 위에 아내의 파마머리 같은 까만 짜장이 덮여있다. 아내는 나무젓가락이 한가운데로 쫙 갈라지자 기분이 좋은 듯 생긋 웃고 짜장을 버무리기 시작한다. 한 손으로 비비다가 여의치 않은지 두 손으로 비빈다. 입은 곧 들어올 짜장면으로 벌써 오물거리고 있다. 아내가 짜장면을 앞에 두고 앉은 모습을 보자 옛날 일이 어제 일처럼 다가온다.

　이제 서른을 바라보는 아들이 첫돌을 지내고 얼마 되지 않았을 때였다. 혼자 걸을 수 있게 되어 달성공원으로 나들이 갔다. 층층시하 어른들과 한 집에 살고 있던 때라 처음으로 나선 우리 가족의 나들이였다. 아내는 해방감에 취해 태어나 첫 소풍 가는 아들보다 더 들떠 있었다.

　일찍 서둘렀지만, 아침 설거지와 집 안 청소까지 마치다 보니 공원에 도착했을 때는 이미 점심시간이 되었다. 주위를 둘러보니 길 건너 중국집이 보였다. 특별한 날이라 평소에 시키지 않던 간짜장을 주문했다. 아들은 처음 맛본 짜장면 맛에 정신을 차리지 못했다. 나는 처자식 거느리고 나들이 나와 외식하니 기분이 뿌듯했다. 그제야 진정한 가장이 된 듯했다.

앞에 앉아 짜장면을 한 가닥씩 입에 넣던 아내가 몇 번 훌쩍대더니 닭똥 같은 눈물을 흘리기 시작했다. 나는 깜짝 놀라 우는 이유를 물었다. 아내는 첫 나들이에 짜장면이 뭐냐며 울먹였다. 처음 만났을 때 된장찌개 사준 얘기까지 꺼내며 울음을 멈추지 않았다.

다음에 스테이크 사준다는 말만 하면 그칠 텐데 그 말을 못했다. 비용도 부담되었지만, 된장찌개와 짜장면을 울며 먹은 아내를 이해할 수가 없었다. 두 살배기 아들은 제 어미가 울든 말든 온 얼굴, 옷에 짜장을 묻히면서 세상에 이렇게 맛있는 것도 있느냐는 듯 정신없이 먹어댔다. 눈물 때문에 화장이 얼룩진 아내를 달래고 식곤증으로 곤히 잠든 아들을 업고 달성공원을 순례하듯 한 바퀴 돌았다. 그 이후 아내와 외식할 때는 절대 짜장면은 먹지 않았다. 달성공원에도 가지 않았다.

그리고 강산이 세 번 바뀌었다. 면발같이 티 없이 맑았던 아내는 먹어보기 전에는 재료가 무엇인지 모르게 검은 짜장으로 덮여 있는 짜장면 같은 결혼생활을 슬기롭게 헤쳐 나왔다. 직장에서의 퇴출, 나의 중병과 사업 실패로 힘든 일이 없지 않았지만, 지금은 누가 봐도 행복한 가정을 만들어냈다.

오늘 아내는 누구와 전화를 하더니 나에게 팔공산으로 가자고 했다. 지인의 밭에 있는 방풍, 미나리, 머위 등 봄나물 생각에 마음이 들떠 보였다. 집을 나서고 보니 시간이 어중간하여 점심을 먹고 가야 했다. 팔공산에 접어들자 닭백숙을 비롯해 묵, 오리, 칼국수 등 식당이 입맛대로 줄지어 있었다.

아내에게 뭘 먹고 싶냐고 물었더니 난데없이 짜장면이 먹고 싶다고 했다. 우리 사이에서 금기어가 되다시피 한 짜장면이라는 말이 망설임 없이 나왔다. 나는 힐끗 한번 쳐다보고 고개를 끄덕였다. 개똥도 약에 쓸려면 없다더니 아무리 찾아도 중국집은 보이지 않았다. 가려는 밭에서 이십 리나 더 차를 달려 겨우 '왕손 수타짜장면'이라는 곳을 찾을 수 있었다.

아내가 짜장면을 너무 잘 먹는다. 맛이 좋은지 오물오물 씹으며 다음 차례로 입에 들어갈 면을 젓가락에 감고 있다. 먹는 모습을 유심히 바라보자 아내는 안 먹고 뭐 하냐고 한마디 하고 다시 면을 입으로 가져간다. 짜장면을 좋아하는 줄 몰랐다고 하자 아내도 그날이 떠올랐는지 씩 웃는다. 그때는 내가 계산했고, 지금은 자기가 계산하니 괜찮다고 농담까지 한다.

그동안 무엇이 아내를 변화시켰을까. 젊은 시절엔 레스토랑에서 스테이크를 썰고 싶어 했는데 지금은 길가 중국집에서 짜장면을 젓가락에 묻은 양념까지 쪽쪽 빨아가며 잘도 먹는다. 아내는 우리 결혼 당시의 어머니보다 나이가 많다. 신혼 때 시어머니를 흉보던 거의 모든 행동을 답습하고 있다. 급히 외출할 때 내의 위에 브래지어 하기, 자면서도 텔레비전 채널 못 돌리게 하기, 심지어 제발 그만하기 바랐던 대구탕을 겨울이 다 가도록 끓여 밥상 위에 올리고 있다.

아내는 예전에 없을 때와 뭐든 사 먹을 수 있는 지금과는 짜장면 맛이 다르다고 한다. 그때보다 형편이 좋아진 건 사실이다. 아내가 짜장면을 좋아하는 이유는 그뿐만은 아닐 거다. 시어머니 인생이 결국 나이 먹은 자신의 모습이란 걸, 세상살이가 짜장과 면을 섞는 것처럼 어울렁더울렁 어울려 사는 거라는 걸 깨달았을 것이다. 짜장면이 해금되었으니 달성공원에도 한번 가봐야겠다.

아들 장학생 만들기

　　　　　　　　　　　　　　　　대학교 4학년이 되는 아들이 장학생이 되었다. 온 가족이 애쓴 결과여서 기쁨은 배로 컸다. 본인이 공부를 잘해야 장학생이 되지만, 부모가 가만히 있어서는 될 수 없는 게 또한 장학생이었다. 그것도 모르고 그동안 아들만 다그쳤으니 부모로서 미안한 마음이 적지 않다.

　아들은 운이 좋아 서울 신촌에 있는 대학에 진학했다. 기쁨도 잠깐, 비싼 입학금과 원룸 방값은 합격의 기분을 반감시켰다. 다행히 국가 장학금, 성적 장학금, 신촌 장학금 등 장학금 종류가 헤아리기도 힘들 만큼 널려 있었다. 아들이 그중 한 곳의 장학생만 되어 준다면 허리를 조금이나마 펼 수 있을 것 같았다.

　장학생이 되려면 공부를 해야 하는데 아들은 노래에 더 많은 시간을 썼다. 서울 갈 때 아들의 꿈은 가수였다. 고교 축제 2년 연속 우승자였지만, 우물 밖으로 나온 지 한 달도 되지 않아 꼬리를 내렸다. 노래 잘하는 사람이 하늘의 별처럼 많은 곳이 서울이었다. 대신 음악 동아리에 가입하여 음악을 가까이하는 것으로 마음을 달랬다.

과에서 일반고 출신은 아들이 유일했다. 모두 특목고 출신이었고 절반 가까이 강남 3구에 살았다. 정원 서른 명에 남자는 다섯이고 나머지는 모두 여자였다. 아들을 빼고 모두 남녀 공학 출신이었다. 아들은 처음 맡는 여자 내음에 빠져 정신을 못 차렸다. 여학생들과 어울려 이삿짐 날라주기, 술 설거지 등 궂은일은 도맡아 했다. 장학금은 물 건너가도 한참 갔다.

그런 일이 아니더라도 대학 1학년 때 마음잡고 공부하기란 쉽지 않다. 아들은 1학년을 마치고 군에 다녀오면 그때부터 공부에 집중하겠다고 했다. 아쉽지만 복학생이 되면 가능할 거라 믿고, 2학기에도 여학생 사이에서 히죽거리는 걸 모르는 척 참았다.

아들이 복학하여 2학년이 되자 장학금 제도가 성적우수 학생에서 가정 형편이 어려운 학생으로 옮겨갔다. 잘 사는 집 아이들이 공부도 잘하여 그들에게 장학금을 준들 효과가 미미하다는 이유였다. 성적이 우수해도 가정 형편이 따라줘야 했다. 우리는 쾌재를 불렀다. 잘난 서울 사람보다 다른 건 몰라도 못 사는 거라면 자신 있었다.

당연히 되리라 믿었는데 아들은 장학생이 되지 못했다. 이유는 우리 집이 부자라도 너무 부자기 때문이었다. 기가 찰 노릇이었다.

장학금은 누가 받았냐고 묻자 서초에 사는 여학생이라고 했다. 더욱 이해되지 않고 분통이 터졌다. 서초라면 강남 중에서도 강남인데 전세, 월세 산다 해도 우리보다 부자인 것은 틀림없을 사실이었다.

당장 학교로 전화를 했다. 당연히 우리가 제일 못살 텐데 잘못된 것 아니냐고 따졌다. 상담 아가씨의 말로는 우리 집은 10등급 중, 최상위 10등급이라는 것이었다. 말도 안 되는 소리라고, 우리는 대구에 사는데 서울에는 집값만 해도 얼만데 하고 따졌다.

경상도 사투리로 윽박지르듯 따졌지만, 서울 아가씨는 상냥하게 대답해 주었다. 무슨 소리인지 잘은 모르겠고 간단히 얘기해서 빚이 없어서 높게 평가되었다는 말이었다. 강남에 20억짜리 집도 대출이 십억이 잡혀있으면 낮은 등급으로 분류된다는 것이었다. 우리는 분모인 빚이 없으니 분자인 재산이 적어도 무한대로 평가된다고 했다.

약삭빠른 사람이 서울 사람이라더니 정말이었다. 비싼 아파트를 사더라도 적당히 대출을 남겨 재산 등급을 낮게 받았다. 자금 활용, 세금 절약에 유리할 뿐만 아니라 자식이 장학금 받는 데도 결정적 역할을 했다. 아들 장학금 받는데 대출이라는 말이 나오자 몸에서 기운이 빠졌다.

우리 집에 가훈이 있다. 첫째가 빚보증 서지 마라. 둘째가 남 돈 무서운 줄 알아이다. 사업하다 어려워지면 돈을 빌리거나 대출을 알아보기는커녕 통장에 있는 돈이 다 떨어지면 미련 없이 접었다.

이때까지 아파트 살 때 대출 조금 안고 산 것과 천만 원 마이너스 통장 사용하는 것이 전부였다. 애들 공부 때문에 부모님과 집을 맞바꾸어 살 때, 부모님께서 대출금 남아 있는 아파트에서는 도저히 잠이 안 온다고 해서 급히 갚은 이후로 빚이나 대출을 더는 만들지 않았다.

그렇다고 이대로 물러설 수는 없었다. 아들을 장학생으로 만들기 위해 잠시 가훈을 어기더라도 빚을 져야 했다. 마침 내가 타고 다니던 차가 수명을 다했다. 아내는 남편의 품위 유지를 위해서인지 아들을 장학생으로 만들고 말겠다는 의지인지 기다렸다는 듯이 삼천만 원 대출 내어 시키먼 SUV 차를 사 왔다.

제 어미의 정성이 통했는지 아들은 장학생이 되었다. 공부도 열심히 하여 모두 A 이상을 받았다. 모자간의 합작이 멋지게 성공했다. 아들은 우리의 작전대로 성적이 좋으면서 집에 빚도 있어 꿈꾸던 장학생이 되었다.

우리는 아들이 장학금을 받으니 기뻤다. 사실 그것보다 그 과정이 즐거웠다. 아들 장학생 만들기에 온 가족이 나서 큰아들은 장학재단과 학교의 사이트를 검색했고, 아내는 빚을 냈다. 나는 커서 운전하기 힘든 SUV 차를 싫은 소리 한마디 않고 몰고 다녔다. 가족들의 성원에 실망하게 할 수 없다며 열심히 공부하는 아들의 모습은 보는 가족을 흐뭇하게 했다. 이렇게 해서 우리는 목표가 정해지면 해내고야 마는 최강의 가족이 되었다.

금시계

나는 별 욕심이 없는 사람이다. 집은 가족들이 모여 오손도손 얘기를 나눌 수 있을 정도면 그만이요, 먹는 것도 끼니 거르지 않고 먹을 수 있으면 된다. 특히 입고 나가는 옷은 편하면 장땡이다. 차도 굴러가면 되었지 더 큰 것을 욕심내지 않는다. 그래서 지금 이 모습인지 모르겠지만, 그나마 알량한 자존심을 지켜주는 금시계는 하나 가지고 산다.

요즘은 금값이 비싸서 그런 풍토가 사라졌지만, 서른을 바라보는 큰아들의 돌 때만 해도 하객들은 반 돈, 한 돈짜리 금반지를 축하선물로 가져왔다. 돌잔치는 백합이 활짝 핀 본가에서 지인들의 축하를 받으며 성대하게 벌어졌다. 할머니까지 사대가 한 집에 살다 보니 하객이 끊이지 않았다. 축하연은 우리 집안, 처가 식구, 내 친구, 아내 직장 동료들로 나누어 며칠에 걸쳐 이어졌다.

잔치가 끝나자 아내는 뼈 마디마디가 아프다며 자리에 누웠다.

며칠을 끌 것 같았던 몸살은 몇 시간 지나지 않아 말끔히 나았다. 어머님이 전해준 보석함 때문이었다. 그 속에 가득 차 있는 금붙이를 보고는 거짓말처럼 얼굴에 생기가 돌아났다. 보자기 위에 쏟아 붓고 개수를 세는 동안 눈동자는 별을 헤는 아이처럼 반짝거렸다. 대부분 금반지였고 팔찌도 몇 개 보였다. 얼마 가지 않아 그것들은 아내의 목걸이와 팔찌가 되었다.

몇 년 뒤, 둘째 아들의 돌이 되었다. 그때도 사람들은 크고 작은 금붙이로 축하해 주었다. 아내는 큰아들 때 들어온 금붙이로 자신의 장신구를 만든 게 마음에 걸렸던지 이번에는 내 것을 해주겠다고 했다. 무엇이 좋을까 궁리 끝에 시계 금줄을 만들었다. 줄에 어울리는 금시계도 새로 장만했다.

사실 금시계는 '돼지 목에 금목걸이'처럼 나에게 과분했다. 일이 힘든 직장을 다니고 있을 때라 아무리 좋은 것도 제 값어치를 하기 힘들었다. 직장 동료들은 월급쟁이가 비싼 시계를 차고 다닌다고 부러움 반, 시기심 반으로 바라보았다. 나 역시 부담이 되었지만, 아내의 배려가 고마워 잃어버리지 않도록 조심해서 차고 다녔다.

거추장스럽던 금시계는 내가 사업을 시작하면서 비로소 가치를 인정받기에 이르렀다. 사업체가 번듯해 보였는지 학교와 여러 관청에서 감투를 내밀었다. 그러자 모임이 자주 생겼고 그때마다 금시계는 나의 왼쪽 손목에서 번쩍이며 품위를 지켜 주었다. 고객들과 큰 금액의 계약서를 작성할 때도 나의 신뢰감을 높여주는데 한 못했다.

좋은 시절은 길지 않았다. 경쟁업체가 여러 곳 생기자 사업이 기울기 시작했다. 적자를 거듭하다 결국은 사업을 접게 되었다. 할 일이 없어진 금시계는 다시 마음의 짐이 되었다. 아무리 빛이 나도 더는 내게 기쁨을 주지 못했을뿐더러 곁에 찰싹 붙어서는 불편한 심기를 건드리기도 했다.

사업을 정리하여 실의에 빠져있는데 설상가상으로 뇌졸중이 찾아왔다. 나쁜 일은 서로 손을 잡고 달려드는 모양이었다. 다행히 출혈량이 많지 않아 수술은 하지 않아도 되었다. 하지만 중환자실에서 숨 막히는 치료과정을 거쳐야 했다. 자칫하면 평생 불구로 지낼 수 있는 병이라 살얼음을 걷듯 조심하였다.

힘겨운 투병 생활에서 겨우 벗어나 집에서 쉬고 있는 동안에도 돈 쓸 곳은 끊임없이 생겼다. 그때마다 아내에게 손 벌리기가 미안하고 자존심 또한 상했다. 고심 끝에 시계 금줄을 팔기로 마음먹었다. 몸이 망가지고 당장 수중에 돈 한 푼 없는 처지에 이까짓 금줄이 무슨 소용이랴 싶었다. 생각이 거기에 미치자 아무 근심 없이 저 혼자 번쩍거리고 있는 물건을 더는 보고 싶지 않았다. 그 길로 망설임 없이 팔아치우고 비슷하게 생긴 시곗줄로 바꾸었다.

싸늘한 낯선 쇠붙이와 새로 짝을 맺자 번쩍이던 시계는 스스로 빛을 잃어갔다. 함께한 긴 긴 세월을 그리워하며 짝 잃은 설움을 토로하는 것만 같았다. 그 와중에도 행여 아내에게 들킬까 봐 집에 들어서기 무섭게 시계를 장롱 서랍에 숨겼다가 외출할 때 몰래 차고 나갔다.

며칠 후, 외출할 일이 생겨 장롱 서랍을 열었다. 어찌 된 일인지 시계가 보이지 않았다. 있을 만한 곳을 다 뒤져봐도 찾을 수가 없었다. 할 수 없이 그냥 나갈 수밖에 없었다. 다음날, 외출하면서 습관적으로 장롱 서랍을 열었는데 시계가 떡하니 제자리에 있는 것이 아닌가, 분명히 어제는 없었는데 하면서도 별생각 없이 시계를 팔목에 찼다. 현관을 나서는 순간 서늘한 기운이 머리를 관통했다. 분명 금줄이었다. 다시 보아도 내가 금방에 내다 팔았던 그 금줄이 틀림없었다.

퇴근하고 돌아온 아내의 목과 팔이 허전했다. 아내는 내가 줄을 판 것을 눈치채고는 부랴부랴 금방으로 달려가 자신의 목걸이와 팔찌를 내주고 도로 찾아왔던 것이다. 하루만 늦었더라면 금줄을 녹일 뻔했다며 웃는 아내가 바보처럼 보였다. 당신은 다이아몬드 목걸이를 해도 부족한 사람인데 왜 팔았느냐며 나는 불같이 화를 냈다. 나 같은 사람에게 금줄 시계가 가당키나 하냐며 스스로 책망하는 소리를 아내에게 퍼부었다.

아내는 고개를 흔들더니 나는 아내와 애들에게 더없이 소중한 사람이라 금시계 하나 지니는 것은 아무 문제가 되지 않으니 걱정하지 말고 어서 건강이나 되찾으라며 내 손을 꼭 쥐었다. 고마운 마음과 부끄러운 마음에 울컥 목이 메어왔다. 꼭 돈 많이 벌어서 더 좋은 목걸이 해주겠다고 울음 섞인 말을 하고 아내의 푸근한 가슴에 안겨 울먹이고 말았다.

다시 찾은 금시계는 아내와 두 아들의 사랑이 녹아있다. 시계를 찰 때마다 가족들이 함께 있는 듯 힘이 생겼다. 고된 재활 운동을 할 때는 열렬히 응원을 해주었고, 술이나 담배를 하려는 마음이 생길 때는 간절히 말리는 것을 느낄 수 있었다. 금시계에 담긴 가족의 힘 덕분에 빠르게 예전의 건강한 모습을 찾을 수 있었다.

지금도 나에게는 과분한 금시계지만 이제는 나의 분신이 되어 도저히 갈라설 수가 없다. 사랑하는 가족처럼 나의 일부가 되어 버렸다. 그것은 더 이상 시계가 아니라 언제 어디서든 당당하라고 외치는 아내의 격려요, 아이들의 웃음이다. 아무것도 내세울 것 없지만 나의 자존심을 지켜주는 금시계가 있어 오늘도 어깨를 펴고 집을 나선다.

옥玉의 티

아들 녀석이 눈을 비비며 식탁에 앉는다. 가운데 놓인 찌개를 보더니 누가 했냐고 묻는다. 내가 했다고 하니 그제야 한 숟갈 떠서 입에 넣는다. 아내는 꼭 그렇게 말하고 먹어야 맛있냐고 한마디 하지만 이미 달관한 듯 성난 얼굴은 아니다.

아내의 음식 솜씨는 내세울 게 없다. 결혼하기 전에는 직장 다닌다고 요리를 하지 않았고, 시집살이할 때도 맞벌이 핑계로 설거지만 했다. 분가하고서도 장모님이 같이 살며 살림을 맡았으니 배울 틈도 갈고닦을 시간도 없었다. 요즘도 보험영업으로 늦게 귀가하기 때문에 답답한 내가 앞치마를 두르고 주방을 통째로 떠맡고 말았다.

결혼식을 올리고 며칠 되지 않았을 무렵이었다. 그때는 어른들과 한 집에 살았다. 친한 후배 둘이 늦은 저녁 시간에 예고도 없이 방문했다. 이미 상은 물렸는데 후배들은 손에 선물 하나 들고 왔다고 당당하게 저녁은 먹지 않았다고 말했다. 아내는 조금만 기다리라면서 주방으로 나갔다. 후배들은 좁은 방에서 담배를 벅벅 피워대며 상이 들어오기만 기다렸다. 시간이 제법 흘렀는데도 저녁상은 좀체 들어오지를 않았다.

한 시간도 훨씬 지나고서야 문이 살며시 열리더니 요상한 밥상이 들어왔다. 깜짝 놀라 자세히 보니 그릇에 까만 면 덩어리가 소복이 담겨 있었다. 아내는 부끄러운 듯 나직이 짜장면이라고 했다. 그 소리를 듣고 다시 보니 짜장라면이었다. 후배들은 잠시 망설이다가 젓가락을 들었다. 무척 배가 고플 텐데도 섯가락질이 재바르지 못했다. 먹는 행세가 만들어 온 성의 때문에 마지못해 먹는 것 같았다.

깨작거리던 후배가 핑계라도 찾은 듯 의기양양하게 "이게 뭡니까?" 하며 콩보다 작은 까만 덩어리를 집어 들었다. 같이 먹던 놈도 그걸 보더니 젓가락을 상에 내려놓았다. 아내는 기어들어가는 목소리로 "소고기"라고 했다.

아내는 갑자기 찾아온 손님 저녁상 차릴 일이 난감하였다. 그렇다고 시어머니께 부탁드릴 수도 없어 마지못해 주방으로 갔다. 할 줄 아는 건 아무것도 없었다. 간신히 라면은 끓일 수 있어 찬장 문을 열어보니 여러 종류의 라면이 있었다. 그중 가장 품격이 높다고 생각되는 짜장면을 집었다. 그래도 결혼하고 처음 들른 신랑 손님인데 그냥 내기는 민망해서 소고기를 볶아 넣기로 했다.

　면이 익는 동안 고기를 다져 볶았다. 갑자기 연기가 나서 뚜껑을 열어보니 물이 부족해서 면이 타고 있었다. 놀라 다시 물을 더 붓고 저었다. 그러는 사이 볶고 있는 소고기가 까맣게 타들어 갔다. 그 다음부터는 어떻게 했는지 기억이 없다고 했다. 그 말을 들은 후배들은 열심히 젓가락질해서 까만 콩 하나 남기지 않고 깨끗이 비웠다. 형수가 눈물로 만든 음식을 도저히 남길 수가 없었다.

　그 후로 밥 차려 달라고 오는 후배는 없었다. 어머니도 누가 며느리 음식 솜씨를 궁금해하면 그냥 "상은 잘 차린다."하고는 얼버무렸다. 아내의 음식 솜씨는 시간이 지나도 좀체 늘지 않았다.

　세월이 흘러 아내는 은행에서 명예퇴직했다. 나라가 휘청거리고 은행이 합병하는 판국에 감축 압력을 더는 버틸 수가 없었다. 이십 년 남짓 다니던 직장을 그만두자 아내는 실컷 놀아보겠다 했지만, 그것도 체질이 맞지 않았다. 뭐 할 것 없이 이곳저곳을 알아보더니 국비로 지원하는 재취업 교육프로그램이 눈에 띄었다. 아내는 요리 강습에 등록하였다. 이제 아내 요리 솜씨가 좋아지려나 기대했지만, 그것이 크나큰 고통으로 다가올 줄은 몰랐다.

　아내가 요리 강습을 받고부터 퇴근 시간 직전에 들려오는 전화벨 소리는 나를 번지점프 난간 앞에 세웠다. 등골이 오싹해지며 무슨 핑계를 대고 빠져나갈까 잔머리를 틀게 만들었다. "오늘은 잉어찜 했어요. 빨리 오세요." 며칠 전 먹은 조기매운탕의 비릿한 여운

옥의 티　43

이 채 가라앉지 않았는데 전화 목소리만으로도 벌써 속이 뒤틀려 왔다. 이상하게도 아내가 요리했다고 전화 오는 날은 그 많던 모임도 저녁 약속도 없었다.

그날도 아내의 사랑스러운 전화를 받고 마음을 돈독히 다지고 있었다. 막 회사를 나서려는데 A가 구세주처럼 찾아왔다. A는 아내와 같이 근무하던 B의 남편이었다. 아내들과 같이 친하게 지내다 이젠 우리끼리 더 자주 만나는 사이가 되었다. 아내에게 A가 와서 부득이 저녁은 먹고 들어가야겠다며 아쉬운 듯 전화를 했다. 아내는 잘 보관해 둘 테니 저녁에 술안주나 하자며 끊었다. 혹을 뗀 건지 붙인 건지 꼭 뒤를 닦지 않은 기분이 들었다.

마주 앉은 A를 찬찬히 뜯어보자 꼴이 말이 아니었다. 머리는 꼭 털갈이하는 통개 같았다. 도대체 그사이 무슨 일이 있었냐고 묻자 한숨을 크게 내쉬더니 신세타령을 늘어놓았다. 아내와 같이 명퇴한 B가 미용학원에 다니고 있다며 듬성듬성한 머리를 쓰다듬었다. 학원 다녀오면 식구 수대로 모아놓고 지지고 볶고 물들이고 그러다 다시 풀고 난리도 아니라며 다시 한번 가엾은 머리카락을 쓰다듬었다.

A는 한참을 망설이더니 B가 나를 염색해준다고 데려오라 했다며 내 손을 덥석 잡았다. 그 순간 집에서 기다리는 아내의 얼굴이 떠올랐다. 집에서 아내의 요리가 기다린다며 정중히 손을 거두어 들인 다음 내빼듯 집으로 달려갔다.

아내가 반기며 내어놓은 요리는 여전히 산업폐기물 같았지만 즐거운 마음으로 위 속으로 집어넣었다. 미용이 아니라 요리를 택해 준 아내에게 사랑스러운 눈길까지 보내면서 하나도 남기지 않았다.

오래지 않아 아내의 요리 강습은 가족들의 집단 식사 거부에 부딪혔다. 특히 나의 기피 음식 흡입(맛보거나 씹지도 않고 넘김)에 따른 헛구역질, 복부 뒤틀림 등 위염 증상으로 병원에 다니면서 끝이 났다. 아내는 꼭 필살기 몇 개는 익히고 싶었지만, 가족들의 휑한 모습에 포기하고 말았다.

그렇지만 아내는 주방에서 하는 요리를 제외한 다른 요리는 모두 잘한다. 제사, 생신 등 중요한 날 빠트리지 않고 상 잘 차리고, 선물을 준비하여 시아버지, 시어머니 마음을 흡족하게 요리한다. 아들 둘도 맹모지교로 일류대 보냈으니 자식 요리 또한 성공적이다. 주방 요리 솜씨가 문제였지만 놀랍게 그것도 연륜이 쌓이자 잘하는 것이 하나씩 생기기 시작했다. 나열해 보면 김밥 만들기, 감자 삶기, 커피 내리기……. 그리고 또 뭐 있더라?

속 좁은 여자

아내는 속이 좁다. 양가 선물이 시집 쪽으로 조금만 기울어도 쌍심지를 켠다. 아홉 마디 듣기 좋은 소리에 한 마디 싫은 소리가 섞이면 삐쳐 말문을 닫는다. 어제 꼬인 게 아직 풀리지 않았는지 아버지 문병 가자는 문자에 '생색내는 거 좋아한다 할까 봐 병원도 못 가겠네요.' 라는 답이 온다.

며칠 전 아버지가 대상포진으로 입원하셨다. 어제 우리가 들렀을 때 마침 부산에 사는 여동생이 와 있었다. 학교에 별난 선생이 있다며 얘기하던 중이었다. 교장으로 퇴직한 지 스무 해도 넘은 아버지는 아직도 동생이 들려주는 학교 얘기에 흥미가 많으시다.

그 선생은 공금으로 인심 쓰기, 부풀린 인맥 과시뿐 아니라 알뜰하게 권리 찾아 먹기 등 얄미운 짓만 골라 하는 문제 선생이란다. 말하는 동생은 물론 듣는 우리도 싫은 마음에 인상이 돌아갔다. 사례가 이어지자 은근히 재미가 있어 나중에는 얘기가 끊길까 걱정하는 지경이 되었다.

그 선생은 같은 나이의 동생에게 일종의 경쟁심을 가지고 있는 듯했다. 아직 교감 자격도 갖추지 못한 자신과 교장 발령을 기다리는 동생과는 현격한 차이가 있었다. 그런데도 장학사인 자기 아내를 들먹거리며 교육청이 마치 자신의 손바닥에 있는 듯 허세를 부린다고 했다.

며칠 전에는 동생이 그 선생에게 교장실 창문에 브라인드를 설치하라고 지시했었다. 그 선생은 하는 차에 동생 방에도 하나 장만하라며 인심 쓰듯 말했다. 욕심은 나지만 제 돈도 아닌 공금으로 생색내려는 속이 훤히 보여 단호하게 거절했다. 거듭 사양했음에도 불구하고 다음날 기어코 동생 방에 브라인드를 설치했다며 혀를 내둘렀다.

동생 얘기에 푹 빠져 어떻게 시간이 흘렀는지 몰랐다. 정신을 차려 보니 집에 갈 시간이 지나 있었다. 아내는 병원 밥 드시는 아버지, 어머니에게 드리려고 아침부터 장만한 쑥국을 꺼냈다. 식사 때 적당량을 덜어 데워 드시라며 어머니께 설명했지만, 레인지 사용법도 모르는 어머니는 탐탁지 않아 하셨다. 여든이 넘은 나이에 집에서 세끼 밥을 하다 병원 밥을 앉아 받아먹으니 더 좋을 수 없다고 하셨다. 그런 호사를 누리는데 식사 때마다 그렇게 하라니 귀찮기도 하고 엄두도 나지 않았다.

어머니는 받은 걸로 할 테니 도로 가져가라 하고 아내는 정성 들여 만들었으니 약이 될 거라며 다시 권했다. 어머니는 싫다 하고 아내는 드시라 하는 실랑이가 한참 동안 이어졌다. 그 상황이 동생과 그 선생이 브라인드을 두고 벌렸던 모습과 비슷해 보였다.

옆에 있던 내가 "당신 그러니 꼭 그 선생 같다."며 툭 한마디 던졌다. 그 소리에 가족들은 한바탕 웃었다. 아내는 웃지 않았다. 가족이 웃는 모습을 보고는 쑥국 통을 주섬주섬 다시 보자기에 쌌다.

우리 집 식구들은 그 누구도 아내의 효심을 의심하지 않았다. 쑥국을 끓일 때는 아버지의 쾌유를 빌었으리라. 정성을 다해 만든 쑥국을 어떻게든 드시게 하려고 어머니에게 설명하는 모습을 흐뭇하게 바라보았다. 단지 어머니의 필요와 맞지 않는 게 안타까울 뿐이었다. 그 선생과 같다고 했지만, 아무도 나쁜 의미로 받아들이지 않았다. 그냥 한바탕 웃고 넘겼을 뿐이었다.

아내는 달랐다. 그 선생과 비교당하는 게 싫었다. 동생 앞에서는 더더욱 그랬다. 둘은 올케 시누이 사이지만 나이가 동갑이라 친구처럼 지냈다. 쇼핑도 같이 다니고, 집안일도 허울 없이 의논했다. 학교에만 있는 동생보다는 세상 물정 밝은 아내가 모든 일을 주도했다. 몇 년 전 동생이 교감 되더니 예전처럼 자신의 말을 잘 듣지 않고 오히려 가르치려 든다며 사람이 변했다고 언짢게 생각했다. 그 동생이 어떤 선생을 흉보다가 자신이 그 선생과 같다는 말에 웃음 짓는 걸 보고는 속이 확 뒤집혀버렸다.

왜 혼자 왔느냐고 물으시면 뭐라 대답해야 할까 머릿속이 복잡하다. 속 좁은 아내랑 살아갈 날을 걱정하면서 병실로 가는데 맞은편 산부인과 문구가 눈에 확 띈다. '속 좁은 여자가 아름답다. 속 좁은 여자가 더 행복하다. 속 좁은 여자로 만들어 드립니다.' 참 요지경 세상이다. 언제는 나쁜 남자가 인기더니 요즘은 속 좁은 여자의 세상이라니 나로서는 황당하기가 짝이 없다. 여기가 동방예의지국이라 불리는 나라가 맞는지 의심스럽다.

아내는 크게 나무랄 데 없는 여자다. 그런대로 현모양처이고 외양도 밉지 않게 생겼다. 단지 속이 좁아 탈이다. 요즘 그것까지 대세가 되고 보니 토라진 아내를 나무랄 자신이 없어진다. 오늘은 무조건 내가 잘못했다고 용서를 빌어 아내의 좁은 속을 달래줘야겠다.

신천동 땅

　　　　　　　　　　　　사람들은 인천에 배만 들어오면 다 해결된다는 말을 곧잘 써먹는다. 나에게 인천의 배는 신천동 땅이다. 그 땅만 팔리면 내 팔자가 핀다.

　아버지는 칠십 년대 초반, 범어동 야산을 깎아 집을 지었다. 택시도 들어오지 않고, 수도도 지하수로 대신했다. 여름이면 집안에 뱀이 얼씬거렸다. 그야말로 첩첩산중, 도시의 오지였다. 상전벽해라 했던가 야산과 밭이 있던 곳에 도로가 뚫리고 아파트들이 들어섰다. 도심에 있던 명문 고등학교들이 하나, 둘 옮겨 오더니, 대구의 8학군이 되었.

　아무도 쳐다보지도 않던 동네가 교육의 중심지가 되자 탐을 내는 건설 회사가 많았다. 대구 지역 굴지 회사인 W사가 아파트를 짓겠다고 하더니 부도와 함께 한동안 조용했다. 다시 붐이 일어 H사를 거쳐 드디어 S사가 재개발에 들어갔다.

첫 삽을 뜨기 전까지 토지 매매 문제로 시행사 직원들과 몇 년 동안 실랑이를 벌였다. 좁은 대구 땅에서 이리저리 따져서 연결되지 않는 사람은 없었다. 담당 직원인 이 부장과 수십 번 만나는 동안 그가 중학 3년 후배임이 밝혀졌다. 순간 호칭이 지주님에서 선배님으로 바뀌었다. 이 부장의 아내가 나와 동향이고 시행사 회장이 나와는 초등학교 동기인 것까지 드러났다.

핑계가 생기자 이 부장은 아침저녁으로 선배님 하며 찾아왔다. 우리 집이 동네에서 가장 넓은 집이었다. 우리 집을 두고는 다른 집들과 흥정이 되지 않는다며 동네의 재개발 성사가 마치 내게 달린 것처럼 압박을 가해왔다. 마지막에 계약하면 가장 비싼 값을 받겠지만 그럴 자신은 없어 반쯤 계약하면 그때 하리라 마음먹었다.

나의 마음과는 달리 초등동창회에 가면 왜 친구 사업하는 데 돕지는 못할망정 훼방을 놓느냐며 빨리 땅을 팔기를 종용했다. 이 부장은 자기 아내를 술자리에 불러내 고향 오빠라고 부르게 했다. 마음이 독하지 못해 얼마 더 견디지 못하고 도장을 내주고 말았다.

걱정했던 일이 벌어졌다. 앞집, 옆집이 우리 집보다 더 비싸게 팔렸다는 소식이 들려왔다. 심지어 많이 못 주는 이유가 낮은 분양가라 해놓고 실제 분양가는 얘기하던 금액보다 훨씬 비쌌다. 문지방이 닳도록 드나들던 이 부장은 전화해도 잘 받지 않았다. 배신감을 느꼈다.

이 부장을 찾아가 은혜를 원수로 갚아도 유분수지 이런 일이 어디 있냐며 멱살을 잡았다. 이 부장은 죄송하다며 다음 기회에 좋은 건수로 은혜를 갚겠으니 믿어달라고 사정했다. 독하지 못해 진심 어린 사죄와 술 몇 잔에 분노를 가슴 속에 묻었다.

서운함에서 채 벗어나지 못했을 때, 이 부장에게서 전화가 왔다. 그때 이 부장은 사업장을 옮겨 신천동 지역 재개발 추진 회사에서 일하고 있었다. 집이 하나 나왔는데 몇 달 뒤 시행사에서 돈을 풀 예정이라 사두면 짧은 시간에 큰 차액을 남길 수 있다고 했다.

은혜를 갚겠다던 약속은 지키네 하는 생각에 별 의심 없이 그 집을 사고, 다시 그 자리에서 재개발 시행사에 오천만 원 더 많은 금액으로 파는 계약서도 썼다. 소개해준 이 부장에게는 계약대로 돈이 다 들어오면 오백만 원 더 주기로 하고 일단 오백만 원을 소개비로 주었다. 몇 달 만에 사천만 원을 벌게 될 매매를 했으니 서운한 마음이 조금은 가시었다.

서너 달 뒤에 들어온다던 원금과 차익금 오천만 원은 삼 년이 지난 지금까지 들어오지 않고 있다. 가족들도 이 부장을 '깐 이마 또 깐 나쁜 놈'이라고 욕하더니 이젠 그를 대단한 사람이라고 하고 있다. 심지어 이 부장에게 배워 눈먼 돈 좀 벌어오라는 소리까지 한다.

이 부장은 어떻게 되었냐고 물을 때마다 조금만 더 기다리라는 말만 앵무새처럼 해댄다. 어느 순간부터는 추진 업체가 민영에서 조합으로 바뀌어 아파트를 지으면 땅 평수만큼 분양받는다고 하였다. 복도 많다면서 언제 술 살 거냐 하며 거꾸로 큰소리친다. 도대체 언제 짓느냐고 따지면 곧 허가가 떨어질 거란 말을 몇 년째 써먹고 있다.

생각할수록 이 부장은 도움이 되지 않는 사람이었다. 금전적 손실을 입힌 것도 나쁘지만, 나를 무능한 사람으로 만들었으니 내 인생을 꼬이게 만든 원흉이었다. 신천동 땅은 내 인생을 그대로 보여주고 있다. 남의 말 잘 믿고, 손해 보고도 분풀이 못 하는, 겉만 똑똑한 듯하지 실속 없는 내 모습을 똑같이 닮았다.

이 부장은 본부장이 되었다며 명함을 내민다. 날 제물로 승진했냐고 비아냥거리자 허허 웃는다. 나도 픽 웃고 만다. 어느 날부터 밉기만 하던 이 부장 아니 이 본부장을 만나면 기분이 좋아진다. 좋은 일 없는 세상이지만, 이 본부장을 만나면 걱정이 없어지고 구름 탄 기분이 된다. 신천동 땅이 큰돈을 벌어주는 꿈같은 이야기를 한두 시간 들으면 정말로 부자가 된 듯하기 때문이다.

그 효과는 한 달 정도 지속한다. 유효기간이 지나 약발이 떨어져 다시 사기당했다는 기분이 들면 이 본부장을 찾는다. 그때마다 그는 짜증 내지 않고 그 땅이 왜 큰돈이 될 수밖에 없는가를 내가 납득할 때까지 설명한다.

이제 나도 세뇌되어 이 본부장과 같은 생각이다. 시에서 신천역 주변에 차도 들어가지 못하는 좁은 골목을 그냥 둘 리가 없다. 넉넉잡아 십 년 안에는 재개발된다. 그러면 땅값은 살 때의 두 배가 넘는다. 땅만큼 아파트 평수를 받아도 대박이다.

아들이 차 바꾸어 달라고 하면 '신천동 땅 팔리면', 아내가 해외 여행 가자고 해도 '신천동 땅 팔리면' 하고 말한다. 그들은 콧방귀 뀌며 돌아선다. '신천동 땅 팔리면' 원금에 십 년 이자 고리로 쳐서 집안에 입금하고 나머지 이익은 내가 갖겠다고 선포했다. 그래도 아내와 아들은 관심 없는 듯 들은 체도 않는다.

사주에 말년 운이 좋다고 나왔다. 아무리 생각해도 좋을 일이 없는데 아마 신천동 땅 때문일 거다. 장사는 손대는 것마다 말아 먹고, 마땅한 일자리도 없어 떠돌지만, 신천동 땅만 생각하면 배가 부르다. 수첩에 '신천동 땅이 팔리면' 사고 싶은 물건, 가고 싶은 곳 등을 적고 있다. 신천동 땅이 있는 한 당당하지 못할 이유가 없다.

재개발

계약만기만 되면 편의점을 접어야지 생각했다. 하지만 달리 할 걸 못 찾아 재계약을 하고 말았다. 처음에도 그랬지만 새로 맺은 조건도 불리하기 그지없었다. 매출이 많으면 칼자루를 쥘 수도 있지만 그렇지 못해 칼날을 쥐고 말았다. 편의점은 대기업의 프랜차이즈사업이다. 갑의 횡포로 치자면 '못된 시어마시 저리가라'였다. 폐점까지 언급하며 내미는 회사의 일방적인 계약서에 또다시 도장을 찍고 말았다. 어쩌다 나는 이렇게 당하고 사는 입장이 된 걸까. 벗어나고 싶다.

　젊은 시절 별 준비 없이 사회로 뛰어들었다. 교직을 이수했지만 마땅한 자리를 찾지 못했다. 이런저런 직장을 전전하다 별별 일을 다 겪었다. 농촌정화조를 만들어 전국으로 판매하던 회사에 일할 때였다. 영업직으로 입사했지만, 공장에서 막일하다가 일이 생기면 강원도, 충청도로 영업을 다녀왔다. 초보운전 때라 서툰 솜씨로 눈길에 미끄러지며 진부령, 한계령을 넘어 다녔다. 다음 직장도 가스레인지 전문점, 농산물시장, 건축자재 판매상 등 기술 없고 배경 없는 사람들이 찾을 수 있는 그런 일이었다. 미래도 보이지 않았고, 보수도 부끄러울 정도였다.

다니던 직장을 나와서 내 장사 하겠다고 처음 시작한 게 중고자동차판매업이었다. 가족들과 친구들에게 '중고'가 절약의 지름길이라고 설득해서 차례로 차를 모두 중고로 바꾸어 나갔다. 가격이 싼 만큼 차에 문제가 있지 않겠냐고 걱정하는 사람들은 내가 책임지고 골라주겠다고 안심시켰다. 중고의 효용 가치에 눈을 뜬 나는 모든 물품을 중고 우선으로 구매하는 습관이 생겼다. 마누라 말고는 다 중고로 샀다. 텔레비전과 냉장고는 싸게 나온 전시 제품을 구입했다. 두 아들의 이층침대, 가스렌지, 심지어 아내 레인코트도 중고를 사왔다.

그럭저럭 장사는 되었지만 '중고'라는 게 마음에 걸렸다. 가수들도 부르는 노래처럼 인생이 따라간다고 하지 않던가. 어떤 가수는 슬픈 노래만 부르다가 일찍 세상을 하직했다. 행복만 외치던 가수는 정말 행복한 삶을 살고 있다. 중고를 사고팔며 중고 속에서 살다 보니 점차 내 인생은 '중고인생'이 되어갔다.

그러던 어느 날 결국 일이 터졌다. 아내가 도저히 못 참겠다며 비토를 선언했다. 살림을 하나하나 늘려 가는 게 사는 재미인데 그게 송두리 채 사라졌다고 했다. 주위를 둘러보니 정말 깨끗한 매장에서 고르고 골라 카드로 결재한 새 물건은 하나도 없었다. 모두 칠성시장, 중고전자상 같은 곳에서 사 온 것들이었다. 심지어 애들 책은 근수로 달아 사 왔다. 아내의 말을 듣는 순간 어쩌다 이런 중고인생이 되었나 싶었다.

그래도 그때는 봄날이었다. 자동차 상사도 한때였다. 장사가 힘들어져 다른 일을 찾았다. 마땅하게 할 만한 게 없었다. 한참 동안 허송세월하였다. 그냥 쉬고만 있을 수 없어 편의점을 시작했다. 개발팀 직원의 달콤한 말을 믿고 그 정도면 되겠네 하고 생각했다.

하지만 그 말들이 꼬임수라는 것은 한 달도 지나지 않아 깨달았다. 순 수입 삼사백만 원은 고사하고 지불할 것 다 제하고 나면 현상 유지도 힘들었다. 항의를 해보았지만, 바위에 계란 치기였다. 자신들은 분석한 자료만 제시했고 결정은 내가 했다는 것이었다. 내가 도장 찍은 계약서의 깨알 같은 글자를 들이대며 이래도 할 말 있느냐 했다.

아내에겐 말하지 않았다. 아무것도 모르는 아내는 생활비를 달라고 했다. 아직 자리가 잡히지 않아 그렇다며 조금만 기다리라 했다. 결국은 알게 되겠지만 조금이라도 숨기고 싶었다. 막막했지만 방법을 생각해 보았다. 아무리 생각해 봐도 아끼는 수밖에 없었다.

편의점에서 파는 음식물은 팔 수 있는 유통기간이 정해져있다. 심지어 시간까지 정해져 있다. 그 시간 안에 팔지 못하면 폐기처분한다. 먹을 수는 있지만 팔수는 없다. 그것들이 나의 점심이었다.

폐기한 삼각 김밥을 데워 먹으면 점심 값이라도 아낄 수 있었다. 폐기된 음식을 먹기 시작하면서 내 인생은 폐기인생으로 접어들었다. 잊고 싶었던 중고인생이 그리워졌다.

부모님께 제대로 아들노릇을 한 지가 언제인가 까마득하다. 아들도 용돈을 한 푼 못 줘 아버지로도 폐기 일보직전이다. 아내에겐 남편의 위엄을 포기한 지 오래됐다. 이렇게 내 인생은 폐기되고야 말 것인가 한숨이 나온다.

하지만 죽으라는 법은 없는가 보다. 나에게도 좋은 일이 생길 것 같다. 몇 년 전 아니 몇십 년 전부터 추진하다 말다 했던 우리 동네 재개발이 마무리 단계인 것 같다. 물론 손에 돈을 받아봐야 끝날 일이지만 이번에는 꼭 될 것 같다. 아내와 아들은 어디로 이사 갈까 고민하면서 기정사실로 받아들이고 있다. 사십 년 넘게 어린 시절의 추억뿐만 아니라 조부모님, 부모님, 동생들, 심지어 숙부님, 고모님의 흔적들이 남아있는 이곳은 우리 가족 모두의 마음의 고향이요 삶의 터전이다.

섭섭하기야 이를 데 없다만 더 가치 있도록 재개발한다니 양보를 하려 한다. 시세보다 더 쳐준다는 말이 솔깃하기도 하다. 이제는 아파트가 들어시게 된다. 단독주택이 아파트로 재개발되듯이 내 인생도 재개발해야겠다. 더 효율적이고 멋있게 변하고 싶다. 중고인생에서 폐기 인생으로 떨어진 나지만 재개발을 계기로 다시 한번 날아봐야겠다. 새로 들어설 최신식 고층 아파트처럼 말이다.

2

나도 새우깡 같은 인생을 살고 싶다. 세월의 흐름 속에서 어떠한 변화와 시련이 닥쳐도 굴하지 않고 나만의 아우라를 빛내고 싶다. 그러려면 남다른 노력이 필요할 것이다. 벌써 인생의 반을 살고 깨달았지만 늦다고 생각될 때가 가장 빠르다는 말도 있다. 이제라도 남은 생을 어떻게 살아야 할지 고민하며 새로운 도전을 해봐야겠다.
– 허니버터칩과 새우깡

- 원죄
- 속물
- 애플민트의 주문
- 허니버터칩과 새우깡
- 빨간 손톱
- 일악삼지
- 무스탕
- 고모가시나
- 영양 고모부
- 조지 클루니처럼 되기

원죄

　　　　　　　　　　　살다 살다 보니 아들 시집이라는 걸 산다. 아침 밥상을 애써 차리면 휙 둘러보고 제 입맛에 맞는 반찬이 보이지 않는다고 그냥 출근한다. 가리는 음식이 한둘이 아니다. 생선 먹으면 온종일 비린내 난다고 안 먹지, 내가 제일 좋아하는 굴은 입에도 대지 않으니 반찬 해대기가 여간 까다롭지 않다. 그렇다고 아침마다 제 입에 맞게 소고기 볶고, 햄을 굽지는 못한다. 있는 반찬으로 먹고 가면 될 텐데 그러는 법이 없다.

　아들은 지난해 교사임용 시험에 합격하여 기고만장이 하늘까지 뻗쳤다. 그 꼴이 사납지만 어렵게 공부했고 결과가 좋으니 이제 좀 누리라면서 참았다. 올해 제 동기들이 모두 떨어지자 더욱 공세를 퍼붓는다. 그 꼬락서니는 정말 보기가 힘들다. 제가 잘나서 어디 부모만 좋나? 제가 제일 좋으면서 눈만 마주치면 타는 차를 중형차로 바꿔 달라고 노래한다.

하는 짓은 밉지만, 그래도 소중한 아들이다. 우리는 결혼하고 한참 동안 아기가 생기지 않았다. 부모님과 여든을 바라보던 할머니는 내색은 하지 않았지만, 아내의 임신 소식을 무척 기다렸다. 은행원이었던 아내는 제일 스트레스를 많이 받는 월말과 배란기가 겹쳐 그럴 것이라 말했다. 장모님은 데리고 있으면서 잘 못 먹여 그렇다며 시집보내기 전에 한약 한 재 달여 먹이지 못한 걸 두고두고 아쉬워했다.

해가 두 번 바뀌도록 아내의 임신 소식은 없었다. 삼신할머니의 장난인지 몰라도 우리보다 늦게 결혼한 여동생이 먼서 딸을 낳있다. 아내는 축하한다고 말했지만, 자신의 안타까운 처지에 울었고, 나도 달래다 같이 울었다.

영덕과 양산에 있는 여동생 부부의 직장 문제로 생질녀를 당분간 우리 집에서 맡게 되었다. 우리 부부에게는 가혹한 일이었지만, 달리 방법이 없었다. 어른들은 우리 때문에 외손녀를 마음껏 귀여워하지 못했다. 반면 아내는 진심으로 귀여워했고, 사랑으로 돌보아 주었다. 그런 아내의 모습을 보노라면 나도 모르게 가슴이 짠해져 왔다.

주말이 되면 여동생 부부가 딸을 보러 한달음에 달려왔다. 핏덩어리를 떼어놓았으니 일주일 내내 가족이 모일 수 있는 토요일만 기다렸을 것이다. 오후 늦게 직장에서 돌아온 아내는 쉴 틈도 없이 저녁 준비를 위해 주방으로 달려갔다. 불어난 식구의 뒤치다꺼리는 여지없이 아내의 몫이었다. 저녁상을 물리면 생질녀를 방 가운데 두고 온 식구가 빙 둘러앉아 재롱잔치에 웃음이 끊이질 않았다. 주방에서 산더미 같은 설거지하며 그 웃음소리를 듣는 아내는 울음을 속으로 삼켜야 했다.

여동생 부부는 직장의 중간인 경주에 보금자리를 마련하면서 딸을 데려갔다. 퇴근하여 집으로 들어서면 방긋 웃어주던 생질녀가 없어 섭섭하고 허전했다. 부모님은 그동안 정든 외손녀를 보러 자주 경주로 내려가셨다. 처음 안아 보는 손주에게 각별한 정을 가지는 것은 인지상정이었다.

아내의 아랫배를 바라보는 어른들의 눈길은 점점 더 우리에게 부담이 되었다. 기다리더라도 알고 기다리자는 생각에, 먼저 내가 아빠가 될 자격이 있는지 병원에 갔다. 문제가 없다고 했다. 아내도 가슴 졸이며 병원에 갔다. 의사는 청천벽력같은 말을 했다. 나팔관의 통로가 막혀 임신이 힘들다고 하였다. "애가 없으면 어때. 우리끼리 재미있게 살면 되지."하면서 달랬지만 아내는 밤새 울었다.

아내는 작정한 듯 병원에 꾸준히 다녔다. 간혹 막힌 통로를 약물로 뚫을 수도 있다는 말에 일말의 기대를 걸었다. 몇 달이 지나도 아무런 변화가 없었다. 의사마저 가능성이 너무 낮다며 그만두길 권했다. 그 말은 아내를 또 한 번 울게 했지만, 멈추게 하지는 못했다. 아내는 주위의 걱정스러운 말에도 아랑곳하지 않고 치료를 계속 받았다.

그러던 어느 날 내 꿈속에서 개구쟁이 뱀이 사타구니를 무는 꿈을 꾸었다. 깨어보니 너무나 생생하고 신기했다. 아침이 밝자 아내와 병원으로 달려갔다. 의사 선생님은 임신 사실을 알려주며 기적이라 했고, 간호사는 하늘의 선물이니 잘 키우라 했다. 우리는 받아든 초음파사진을 보며 감격의 눈물을 흘렸다.

소식을 전해 들은 할머니와 부모님은 기뻐서 어쩔 줄을 몰랐다. 아직 태어나려면 여덟 달이나 남았지만, 그때부터 아내는 태교하며 순산을 기다렸다. 집안은 종손의 무사 탄생을 기원하며 쥐죽은 듯 조용했고, 간간이 클래식 음악 소리가 나직하게 흘러나올 뿐이었다.

이렇듯 어미의 집념과 가족들의 간절한 바람이 있어 제가 태어났건만 제 잘난 것만 알고 부모를 힘들게 한다. 마음 같아서는 직장 근처에 원룸 얻어 나가라고 하고 싶지만, 아침밥 안 먹고, 방 청소를 일 년 동안 몇차례 안 할 게 뻔해 보내지도 못한다.

아들이 미운 짓을 해도 미워하지 못하는 또 다른 이유가 있다. 삼신할머니께 빌 때 남녀 상관없고, 못생겨도 좋고, 공부 못해도 괜찮고, 마지막으로는 태어날 아이가 어지간히 속을 썩여도 참겠다고 말한 원죄가 있기 때문이다.

다행히 아들은 집안의 종손이고, 밉지 않게 생겼으며, 교사 임용시험 합격할 만큼 공부도 잘했으니 약간의 미운 짓에 속 썩는 것쯤은 참아야 하지 않을까 싶다.

속물

올해부터 아들과 배드민턴을 시작했다. 배드민턴 동호회 총회가 지난 금요일에 있었다. 그날은 내가 총무로 있는 '좋은 이웃'이 모이는 날과 겹쳤다. 그럴 때는 어느 것이 더 나의 이념과 사상에 부합되며 자아실현에 도움이 될까를 따져본다. 그런 철칙을 세워 두었지만 그게 항상 내 의지대로 되지는 않는다.

총회는 일 년에 한 번 열리지만, 모임은 한 달에 한 번이니 총회에 가기로 마음먹었다. 총회는 D백화점 10층의 뷔페식당에서 열렸다. 좋은 이웃 모임은 동네 부부 모임이라 부총무인 아내에게 떠맡겼다.

'좋은 이웃'은 회원이 차례로 유사가 되어 모임을 주재한다. 모임을 며칠 앞두고 지상철 3호선 옆 속초식당에서 한다고 문자가 왔었다. 속초식당이면 횟집이 아니겠는가. '총회는 뷔페라던데 회가 낮지 않을까.' 마음속에서 갈등이 시작되었다. 고민 끝에 총회에는 아들만 보내고 모임에 가기로 마음을 바꾸었다.

당일이 되어 '좋은 이웃' 모임에 가려고 인터넷에서 속초식당을 찾았다. 실망스럽게 횟집이 아니고 대구탕 전문 식당이었다. 갑자기 뷔페가 더 비쌀 거란 생각이 들었다. 다시 마음이 바뀌어 총회에 가야겠다는 일념에 남의 아픔을 이용했다. 회원 중에 지난달 말 서문시장 화재로 피해 본 분이 몇 있었다. 이번 총회는 서문시장 화재 피해자 위로대회를 겸해서 빠지기가 힘들다는 구차한 핑계를 대고 총회로 발길을 돌렸다.

아들을 앞세우고 행사장인 D백화점으로 향했다. 한때는 대구 시내를 구경한다면 필수 코스였던 D백화점이었다. 초등학생 때 엘리베이터를 처음 타 본 곳도 이곳이고, 대학 시절 커피값 아끼려고 길에서 약속할 때도 이 백화점 남문을 이용했었다. 그런 건물에 있는 뷔페라면 당연히 최고 수준일 거로 생각했다.

아들이 인터넷을 검색하더니 점심은 팔천 원이라고 했다. 갑자기 머리가 띵해졌다. 그럴 리가 없다며 아들의 스마트폰을 뺏어보니 분명 그렇게 적혀있었다. 모락모락 김이 피어오르는 속초 식당의 대구탕을 한 입 넣었을 때의 그 얼큰한 맛을 상상하니 입안에 침이 고였다. 하지만 이미 돌아가기는 늦어버렸다.

총회를 하는 내내 우울했다. D백화점에 배신감을 느꼈다. 옛날의 영화는 어디 가고 이렇게 추락하다니 믿은 내가 바보처럼 느껴졌다. 그날따라 경품 추첨의 행운도 나를 비껴갔다. 라켓, 가방 등 모두가 탐내는 것들은 다른 사람에게 가고 나는 '꽝'에 해당하는 비누 세트를 손에 쥐었다. 기대했던 아들도 비누를 받았다. 부자父子가 가장 빈약한 경품을 받았다. 옆에 앉은 아들이 더 아쉬워했다. 모임에 가지 않고 총회에 온 것이 뼛속까지 후회되었다.

이제 집으로 돌아가는 일만 남았다. 그때 사회자가 참석자 모두에게 경품을 하나씩 전달했지만 1등이 남았다며 이름이 적힌 종이를 다시 함에 담았다. 회장이 함 안에 손을 쑥 넣어 이리저리 휘젓더니 하나를 빼내었다. 힘차게 호명하였다. "공 도 현!" 내 이름이었다. 올림픽에서 금메달이라도 딴 듯 환호성을 지르며 아들과 부둥켜안았다. 기쁨으로 온몸이 전율에 휩싸였다.

1등 상품은 이제까지 나온 경품보다 훨씬 고가의 라켓이었다. 모두의 축하를 받으며 힘차게 라켓을 흔들었다. 그때까지 우울했던 마음은 어디로 날아가 버리고 꿈처럼 다가온 행운에 기뻐 어찌할 줄 몰랐다.

돌아오는 길 내내 벌어지는 입을 다물지 못했다. 속초식당에 가지 않고 배드민턴 총회에 가길 정말 잘했다는 생각에 몸과 마음이 즐거웠다. 걸음을 멈추고 불 꺼진 쇼윈도를 바라보니 내 모습이 비치었다. 이념과 사상과는 전혀 상관없는 쪼잔한 일 하나하나에 일희일비하는 속물 하나가 히죽이 웃고 있었다.

애플민트의 주문

편의점 옆에 새로 꽃집이 문을 열었다. 주인은 예쁜 아가씨다. 개업 떡과 함께 애플민트 화분이 따라왔다. 편의점의 좁은 계산대 한쪽에 버티고 있는 화분은 손님이 올 때마다 여간 거치적거리는 게 아니었다. 그냥은 버리지는 못하고 저러다 죽겠지 하고 버려두었다.

그런 내 마음과 상관없이 꽃집아가씨는 하루에 몇 번씩 드나들 때마다 화분을 점검했다. "물은 언제 주셨어요? 바싹 말랐네요. 마른 잎은 떼어 주세요." 그녀는 시집보낸 딸을 살피듯 관심을 놓지 않았다. "그러네요. 이제부터는 잘 돌볼게요." 예쁜 그녀가 그렇게 말하자 나도 모르게 얼떨결에 대답하고 말았다. 게으른 나에게 한 가지 일이 더 생겨버렸다.

그날부터 출근하면 물부터 주었다. 마른 잎도 떼어내고 흙도 골랐다. 조금이라도 소홀하면 여지없이 잔소리를 들어야 했다. 잔소리라면 아내로부터 귀에 딱지가 앉도록 듣지만, 그녀의 잔소리는 왠지 꾀꼬리 소리처럼 듣기 좋았다. 왔다가 아무 말도 하지 않고 그냥 가면 서운한 마음마저 들 지경이 됐다.

어릴 때 "꽃집의 아가씨는 예뻐요. 그렇게 예쁠 수가 없어요."라고 부르는 노래를 듣고 자랐다. 하지만 이 나이가 되도록 꽃집에 예쁜 아가씨가 있는 걸 보지 못했다. 힘이 세어 보이는 아저씨, 아줌마만 보였다. 그런데 그녀는 예쁘고 상냥했다.

꽃집을 개업하기 며칠 전 마감 공사할 때였다. 몇 번 안면을 튼 그녀가 기겁하며 뛰어왔다. 무슨 일이 단단히 난 것처럼 보였다. 나도 놀라 벌떡 일어났다. 마무리 작업을 직접 하다가 신나가 눈에 튀었다며 물을 찾았다. 물로 씻어내기 위해서였다. 혼자 할 수가 없어 내가 그녀의 눈에 부어주었다. 그녀는 의자에 앉아 머리를 뒤로 젖혔다. 나는 한 손으로 그녀의 눈을 벌리고 물을 부었다. 하필이면 그때 젖혀진 목 아래로 그녀의 가슴골이 한눈에 들어왔다. 그녀는 실명이라도 될까하는 걱정에 정신이 하나도 없었다. 내가 엉큼하게도 자신의 가슴을 훔쳐본다는 건 생각도 하지 못 했다. 일부러 보려고 한 것은 아니었지만, 그 일이 있고부터 그녀를 볼 때마다 예쁜 가슴이 생각나서 혼자 얼굴을 붉히곤 했다.

애플민트를 보며 혼자 마음속으로 주문을 걸었다. 잘 자라면 그녀에게 차 한잔하자고 해야지 하는 음흉한 마음을 먹었다. 그녀는 날 어떻게 생각할까? 그녀가 볼 때 나는 그냥 나이도 한참 많은 동네 편의점 아저씨에 불과할 것이다. 내가 그런 주문을 걸었다는 걸 알면 그녀는 놀라 까무러칠 것이다.

나의 정성에도 불구하고 애플민트는 하루하루 말라가고 있었다. 물만 자주 준다고 되는 게 아니었다. 한 번씩 양지바른 곳에 내어 햇빛을 받도록 해야 했다. 내어놓는 걸 잊어 일주일을 그냥 두기 일쑤였다. 또 내어놓으면 잊고 있다가 그녀를 보고는 깜짝 놀라 들이곤 했다. 그럴수록 애플민트는 점점 꼴이 흉하게 변해갔다.

착한 그녀는 내 마음을 알고 있는 것처럼 들릴 때마다 그냥 가지 않고 화분을 확인했다. 자꾸만 말라가는 애플민트를 안타까워하더니 하루는 영양제를 주고 갔다. 나보다 더 지극정성이었다. 며칠 전에는 싹이 하나 돋자 환성을 지르며 기뻐했다. 그녀도 내가 어떤 주문을 걸고 있는지 알고 있는 것 같았다. 하지만 그것은 나만의 착각일 것이다. 그럴 리가 없다는 걸 알면서도 그 착각에서 빠져나오기 싫었다.

애플민트는 삶의 갈림길에 서 있었다. 싹이 새로 돋는 걸 보면 살 것 같기도 하고, 잎이 누렇게 되면서 계속 떨어져 나가는 걸 보면 남은 생이 얼마 되지 않은 것 같기도 했다. 그녀 때문이라도 어떻게든 살리고 싶어졌다.

애플민트를 돌보는 시간이 쌓일수록 마음이 조금씩 흔들렸다. 잘 키웠을 때를 생각해 보았다. '그녀에게 내 주문을 말할 수 있을까? 설령 말한들 그녀는 무엇이라 답할까?' "저를 어떻게 보고 그런 말씀을 하세요. 아저씨 그렇게 안 봤는데 나쁜 사람이네요."라고 말할게 틀림없었다. 포기하기로 마음을 정했다. 하지만 그녀를 보면 설레는 마음은 어쩔 수가 없었다.

늦은 점심시간, 편의점에 들른 그녀는 삼각 김밥을 계산대에 올려놓으며 한참을 망설이더니 어렵게 말을 꺼냈다. 순간 내 가슴은 두근거리며 '설마, 너도 혹시?' 야릇한 기대를 가지며 그녀의 말이 떨어지기를 기다렸다. "이거 하면 어느 정도 벌어요?" 생각도 않은 그녀의 말에 머릿속이 갑자기 하얗게 되었다.

그녀는 작년에 퇴직한 아버지에게 편의점을 추천했다며 알고 싶은 게 많다고 이것 저것 물었다. 그동안 애플민트를 핑계로 자주 드나들며 편의점을 유심히 지켜보았단다. 그냥 봐서는 도저히 모르겠다며 좀 가르쳐달라고 애교를 떨었다. 그 이유로 자주 들렀고, 볼 때마다 생글 웃었단 말인가.

괜히 나만 실없는 사람이 된 기분이었다. 이제 정말로 핑크빛 주문은 잊어야겠다. 나를 잠시나마 흐뭇하게 해주었던 애플민트를 바라보았다. 그녀의 얼굴도 같이 떠올랐다. 그래 주문을 바꾸어야 겠다. 내가 애플민트를 잘 키워야 그녀의 꽃집이 잘 되는 거로 해야겠다. 그렇게 생각을 바꾸니 마음이 편해지고 잠시라도 흑심을 품었던 게 부끄러워졌다.

그녀는 내 마음을 알 리가 없다. 들를 때마다 방긋 웃어주고, 애플민트를 쓰다듬는다. 한마디라도 해주는 게 고마울 따름이었다.

그 마음에 화답하듯 그녀가 대박 나도록 애플민트를 살려내어 보여주고 싶다. 오늘도 브릿지 넣은 머리카락을 찰랑거리며 들어오는 그녀를 기다리고 있다.

허니버터칩과 새우깡

지금 편의점 과자류 진열대엔 온통 허니로 시작하는 과자들이 자리를 잡고 있다. 허니버터칩이라는 과자가 선풍적인 인기를 끌자 허니통통이라는 유사품이 나왔다. 꼬깔콘도 도리토스도 허니로 시작하는 신제품을 만들더니 곧이어 봇물 터지듯 수도 없이 쏟아져 나왔다. 그중에는 허니라는 이름 때문에 잘 팔리는 것도 있지만 하나도 안 팔리고 폐기되는 제품도 비일비재하다.

허니버터칩이 처음 나왔을 때는 인기가 정말 대단했다. 내가 편의점을 하는 줄 아는 사람들은 사 달라고 부탁을 할 정도로 구하기도 힘들었다. 어쩌다 한 번씩 우리 편의점에 허니버터칩이 들어오면 숨겨두었다가 단골에게만 맛을 보여 줄 정도였다. 아내와 보험 영업을 다닐 때도 다른 비싼 선물보다도 허니버터칩 한 박스면 거래처 직원들이 문밖까지 배웅해 줄 정도로 환대를 받았다.

소주에서도 같은 일이 벌어졌다. 처음처럼의 순하리가 유자맛으로 히트를 치자 다른 소주 회사에서도 기다렸다는 듯 유자맛이 쏟아졌다. 하지만 그 인기는 벌써 시들해지고 재고가 골칫거리가 되고 있다.

우리의 기술력이 미천했을 때 '기술제휴'라는 말이 유행한 적이 있었다. 무슨 제품을 만들어도 '기술제휴'가 찍혀있지 않으면 팔리지 않았다. 텔레비전, 냉장고는 물론이고 화장품, 그릇, 비누까지 '기술제휴'를 내세웠다. 심지어 번데기도 외국 어느 나라와 '기술제휴' 했다고 코믹 프로에서 비아냥거릴 정도였다. '기술제휴'라는 손쉬운 방법으로 돈을 벌려던 그 기업들은 지금 어떻게 되었는지 알 수가 없다.

나는 편의점을 선택했다. 큰 노력이 필요 없고 어느 정도의 수입이 보장된다고 생각했다. 당시 뇌출혈을 앓고 회복된 지 얼마 되지 않아 건강한 사람에 비해 선택의 폭이 좁았다. 그렇게 시작했지만, 현실은 그렇지 않았다. 수입은 생각한 만큼 미치지 못했고, 한 번씩 야간근무를 하면 며칠 동안 힘들었다.

과연 편의점을 선택한 것이 최선이었을까. 다른 일을 찾아 볼 생각은 왜 하지 않았을까. 사실 어느 것이 좋았다고 판단하기는 해보지 않고는 어렵다. 얼마나 돌연 변수가 많은 세상인가. 고깃집을 번드레하게 문 열었다가 광우병 파동으로, 오리집 개업하자 조류독감으로, 횟집은 비브리오균으로 심한 타격을 보게 되는 불가항

력적인 경우가 허다했다.

　그렇지만 내가 쉬운 길을 택하려 한 건 아닌지 되돌아본다. 힘든 준비과정과 일하며 겪는 어려움은 회피하려는 나약한 마음가짐 때문이지 않았을까. 그래서 남들이 많이 하고 있는, 별 기술도 노력도 필요하지 않는 편의점을 택하지는 않았는지 자괴감이 든다.

　그래서 지금 어떠한지 스스로에게 물어본다. 좁다란 소방도로에 편의점 두 개가 서로 경쟁하며 손님을 나누다가 대형 슈퍼가 두 개, 편의점이 하나 더 들어섰다. 내 의지와 상관없이 주위 환경에 따라 울고 또 운다. 레드오션의 한가운데 일엽편주를 띄우고 해류를 따라 정처 없이 흘러만 가고 있다.

　과자 진열대를 다시 훑어본다. 수많은 허니로 시작되는 과자들 사이에 익숙한 봉지가 보인다. 새우깡이다. 그 옆에 오징어땅콩, 맛동산도 있다. 내가 코 흘리던 때부터 보았고 먹었던 과자다. 반세기가 흘렀지만, 아직도 많이 팔리고 있다. 허니의 물결 속에서도 꿋꿋이 제 자리를 지키고 있다. 허니의 열풍이 사라지고 또 다른 히트 상품과 그 유사품이 나타났다 사라져도 변함없이 사랑을 받을 것이다.

　남이 만들어 히트친 상품을 모방해서 잠시 잘 팔아 보려는 약은 상술로는 롱런할 수 없다. 수많은 밤을 지우면서 연구하고, 실패를 거듭하며 비로소 탄생시킨 맛으로 승부한 제품만 오랫동안 사랑을 받을 수 있다. 한낱 과자도 그러한데 우리의 인생살이야 오죽하겠는가.

 나도 새우깡 같은 인생을 살고 싶다. 세월의 흐름 속에서 어떠한 변화와 시련이 닥쳐도 굴하지 않고 나만의 아우라를 빛내고 싶다. 그러려면 남다른 노력이 필요할 것이다. 벌써 인생의 반을 살고 깨달았지만 늦다고 생각될 때가 가장 빠르다는 말도 있다. 이제라도 남은 생을 어떻게 살아야 할지 고민하며 새로운 도전을 해봐야겠다.

빨간 손톱

　　　　　　　　　　　　　　　　며칠 동안 날이 계속 덥다. 아들은 해가 중천에 떴는데 이제 기척을 한다. 술이 덜 깼는지 물 한 대접을 단숨에 마시더니 텔레비전 앞에 주저앉는다. 안 보이니 비키라고 소리치려는데 아들의 등에 난 빨간 자국이 눈에 확 들어온다. 아무리 봐도 분명 손톱자국이다.

　젊은 시절 누가 나에게 어떤 여성과 결혼하고 싶냐 하고 물으면 이렇게 저렇게 말은 길었지만, 결국 지금의 아내 같은 여자였다. 내가 장남이니 부모님께 효부고, 남편인 나에겐 열녀이며 아이들에겐 어진 어머니를 꼽았다. 조금이라도 정숙하지 못하고 불량기가 보이면 고개를 저었다. 화장이 진해도 싫고 치마가 짧아도 마음의 문을 닫았다. 그랬던 나에게도 예외는 있었다.

　긴 손톱을 보면 가슴이 두근거렸다. 더해서 빨간색이 칠해져 있다면 혼자 상상의 나래를 펴며 구름과 비속을 헤매었다. 나의 이상

형과 빨간 손톱은 도저히 공존할 수 없었지만, 빨간 손톱에 대한 집착은 한참 동안 나를 괴롭혔다. 이유는 한 편의 영화 때문이었다.

스무 살, 순진무구했던 대학 1학년 시절에 홍콩 영화를 즐겨 보았다. 지금은 내용은 고사하고 제목조차 잊었지만, 홍금보가 보여 준 핏빛처럼 선명했던 한 장면은 아직도 뇌리에 박혀있다. 단순하고 힘만 센 홍금보와 요염하기 짝이 없는 빨간 손톱의 아가씨가 사랑을 나누는 장면이었다. 빨간 손톱이 절체절명의 위기를 맞았는데 홍금보가 목숨을 건 혈투를 벌여 구해주었다. 그 보답으로 하룻밤을 지새우게 되는 스토리였다.

홍금보는 부끄러워하면서도 본능에 충실했고, 입술도 빨갛게 칠한 그녀는 절정에 이르자 긴 빨간 손톱으로 사정없이 홍금보의 등을 긁었다. 아니 후벼 팠다고 하는 게 맞을 거다. 살이 뜯기는 고통이 등을 타고 올라 뒷골을 울렸다. 홍금보는 그런 시련 정도는 아랑곳하지 않고 꿋꿋하게 자신의 욕심을 채웠다. 남자로서 존경스럽기도 했지만, 미인과 사랑을 나눈 홍금보가 부럽기 짝이 없었다. 그 순간부터 빨간 손톱은 나의 로망이 되었다. 나도 빨간 손톱에 등이 파이고 싶었다.

영화를 본 다음 날 학교 식당에서 우연히 빨간 손톱을 보았다. 정말 봐 줄만한 건 손톱밖에 없는 여자였다. 처음에는 무심코 바라보았지만, 내 눈길은 그곳에 박혀버렸다. 곧이어 영화의 장면이 하나씩 떠오르더니 홍금보가 견뎌냈을 살이 뜯기는 고통이 등 뒤로 느껴지며 엄청난 쾌감이 뒤따라 왔다. 빨간 손톱의 주인이 밖으로 나가지 않았다면 상상도 하기 싫은 일이 일어날 뻔했다.

이후로도 그런 일은 계속 반복되었다. 빨간 손톱만 보면 몸이 알아서 반응을 보였다. 반복될수록 고통과 쾌감에 이르는 시간은 단축되어 나중에는 조건반사처럼 거의 동시에 반응이 왔다. 눈을 돌리든지 내가 자리에서 일어나 밖으로 나가든지 수를 내어야 했다.

세월은 흘렀지만, 홍금보 등에 빨간 손톱으로 후벼 판 자국은 아직도 선명하다. 아들은 뻔뻔하게 아무렇지 않은 듯, 손톱자국 그어진 등을 내보이며 앉아 있다. 나의 머릿속에 별생각이 다 든다. 어제 늦게 들어오더니 제 여자 친구와 그짓을 했구나. 그 애도 얌전하게 보이더니 보통이 넘는구나. 아들에게 뭐라고 해야 하나. 이 일을 모르는 척해야 하나, 아는 척해야 하나 머릿속이 복잡하다.

사나이끼리 화끈하게 얘기해야겠다고 입을 열려는데 아들이 등을 긁기 시작한다. 두 팔을 뒤로 돌려 구석구석 벅벅 긁는다. 손톱이 지나간 흔적이 벌건 줄로 남는다. 몇 번 긁지 않았는데 온 등이 붉게 물든다. 홍금보 등을 그대로 옮긴 듯하다.

그러고 보니, 아들은 아내를 닮아 긁으면 손톱자국이 선명하게 남는 체질이다. 붉게 물들었다가 십 분쯤 지나면 깨끗하게 없어진다. 팔도 길어 온 등에 손톱자국을 남겼으니 나처럼 팔 짧은 사람은 상상도 못할 장면이다. 아무것도 아닌, 가려워 긁은 등을 보고 나 혼자 사랑의 흔적이라 판단하여 소설 한 편 쓴 꼴이 되었다.

괜히 아들을 의심해서 미안한 마음이 든다. 등에 그린 작품은 누구 솜씨냐고 물을 뻔했는데 그러지 않은 게 얼마나 다행인지 모른다. 잠시나마 잊고 있었던 빨간 손톱의 고통과 쾌감을 떠올려본 짜릿한 시간이었다.

일악삼지 一握三指

　　　　　　　　　　　　　　　　내 손은 자그마하다. 예로부터 손 작은 사람은 부지런하다는 말이 있다. 그래서 아내와 장모님은 깜박 속았다. 부지런한 사람을 만났으니 앞으로 편할 날만 있을 줄 알았다. 아내는 신혼의 단꿈이 깨기도 전에 실체를 알았고, 장모님도 우리 집에 같이 살게 되면서 나의 게으름에 혀를 내두르셨다.

　아내는 아직도 나의 게으른 생활 태도에 변화를 주기 위해 잔소리를 해댄다. 삼십 년 동안 이어진 그 소리가 듣기 싫어 자주 씻는다. 청소와 빨래도 거든다. 나의 조그만 변화에도 아내는 보람을 느낀다. 그래서 잔소리가 필요하다는 당위성을 믿는다. 덕분에 나는 우리 집안에서는 보기 드물게 부지런한 사람이 되었다. 나는 문제 학생, 아내는 포기하지 않는 훌륭한 훈육 선생이 되었다. 아내가 목표로 삼는 나의 모습은 아직도 멀었다 하니 듣기 싫은 잔소리는 언제까지 들어야 할지 걱정이 태산이다.

  사실 손이 작아 못 하는 건 없다. 윷가락 네 짝 다 잡을 수 있고, 화투 열 장도 펼 수 있다. 청혼할 때 따뜻한 마음을 아내에게 전해 준 것도 내 작은 손이었다. 작지만 손아귀 힘은 좋다. 팔씨름하면 내 손을 잡은 상대는 짤막한 손을 보고 만만하게 덤비지만 여간해서는 잘 넘어가지 않는다.

  하지만 짧은 손가락 때문에 큰 낭패를 본 적이 있었다. 젊을 때 농산물시장에서 일할 때였다. 내가 취급한 품목은 주로 마늘이었다. 어디든지 최고로 치는 치수가 있다. 군화는 십 문칠, 풍기인삼은 육 년 근, 미스코리아는 36-24-36을 최고로 친다면 마늘은 '일악삼지'를 으뜸으로 쳤다. 마늘을 손으로 잡아 벌어진 틈으로 세 손가락이 들어간다는 뜻이다. 쪽과 빛깔이 좋으면서 크기가 그 정도면 최상품으로 인정받았다.

  마늘 철이 되어 산지로 마늘을 사러가게 되었다. 농민들도 아침저녁으로 텔레비전을 통해 서울 가락동 농산물시장의 시세를 알고 있어서 항상 흥정은 힘들었다. 서로가 중간경비와 이문, 수시로 변하는 시세의 부담을 알고 있었다. 줄 당기기는 서로가 지쳐가는 오후가 되어야 끝났다. 아직 경험이 미천할 때라서 사장은 내가 미덥지 못해 결정하기 전에 꼭 전화하라고 당부했다. 전화를 걸면 사장은 크기를 물었다. 나는 그중 큰놈을 골라 배운 대로 손으로 잡고 그 틈으로 손가락을 넣자 세 손가락이 들어가고도 남았다. 나는 큰

소리로 "일악삼지요!"하고 대답했다. 사장은 그 정도면 그 가격을 주면 된다고 했다.

마늘을 한 차 가득 싣고 의기양양하게 시장으로 돌아왔다. 수고했다던 사장은 포장을 제치고는 갑자기 얼굴이 울그락 불그락해졌다. 이리저리 마늘을 헤집더니 일악삼지는 어디 있냐고 물었다. 나는 보고도 모르겠냐는 듯, 차에 실린 마늘을 향해 아래턱을 내밀었다. 그러자 사장은 이게 무슨 일악삼지냐고 때릴 듯이 나무랐다. 마늘은 사장의 손아귀에 쏙 잡혔다. 나는 울음이 곧 터질 듯한 초등학생이 되었다. 억울한 마음으로 사장이 집어 던진 마늘을 주워 들고 잡아보았다. 어김없이 엄지와 검지 사이로 손가락 세 개가 편안하게 들락거렸다. 그 모습을 본 사장은 어이가 없다는 듯 마늘을 한번 보고, 짤막한 내 손을 한번 보았다. 그 후로 산지로 갈 때는 항상 줄자를 가지고 다녔다.

작은 손을 가지고 세상을 살려니 힘들다. 어릴 때는 사탕 한 줌씩 집어라 해도 또래의 반도 집지 못해 안타까움에 눈물을 글썽거렸다. 땅따먹기할 때도 뼘이 짧아 운동장 같은 땅을 눈앞에 두고도 자그마한 자투리 땅에 만족해야 했다. 그렇게 자라다 보니 좋은 것, 큰 것은 나의 것이 아니라는 생각을 하게 되었다. 자연스럽게 나의 기대치는 낮아지고 모든 일에 만족하며 욕심을 접으며 살아왔다. 평생 동안 욕심을 크게 낸 적은 아내를 고를 때뿐이었다.

이제 내 나이가 이순을 바라보고 있다. 이 나이면 오르막이라

하기보다는 내리막이 맞을 거다. 손에 쥔 것을 하나씩 내려놓아야 할 때다. 다행스럽게도 작은 손에 쥔 것이 별로 없어 아쉬움이 작다. 짤막한 손가락, 도톰한 손바닥을 내려다본다. 그러고는 마늘을 잡을 때처럼 오므려 본다.

한참을 잊고 살았다. 마지막으로 한 번만 더 욕심을 낸다면 '일악삼지'같은 명품인생으로 마무리 짓고 싶다. 어지간한 마늘도 내 손에 오면 '일악삼지'가 되듯이 지금보다 조금만 더 잘 살아도 내겐 '일악삼지'같은 인생이리라.

무스탕

　　　　　　　　　　누구나 화려한 시절
이 있다. 경제적으로 윤택했던 시절일 수도 있고, 제일 지위가 높았던 때가 될 수가 있다. 그런 것을 다 누려본 사람이라면 어쩌면 친구들과 어울려 지내던 어린 시절일 수도 있고, 애틋한 첫사랑을 나누던 때일 수도 있다. 그래서 그 시절을 회상할 수 있는 물건이나 사진을 애장품으로 소지하기도 한다.

　나의 가장 화려했던 시기는 숱한 사업 중에 그나마 번듯했던 중고자동차상사를 운영할 때였다. 영업장에 반짝이는 차를 백 대쯤 진열해 두면 모두 대단히 큰 사업체라 여겼다. 그곳의 대표이니 상당한 재력가라 지레짐작했다. 실상은 '오퍼'라고 부르는 소사장들의 차량이 대부분이었지만 잘 모르는 사람들은 당연히 내 차일 것이라 생각했다.

　그 덕분에 파출소, 동사무소의 모임에도 가입하여 소위 '유지'

소리를 들었고, 아내 역시 아들이 다니던 학교의 운영위원장을 맡기도 했다. 그 무렵 아내가 목돈을 들여 무스탕을 한 벌 사주었다. 비싼 고급상표제품이라서 그런지 입고 거울 앞에 서면 내가 봐도 돈 많은 사장님처럼 보였다.

당시에는 집과 영업장이 가까워 항상 걸어서 출퇴근했다. 머리에 무스를 발라 뒤로 넘기고 무스탕을 걸치고 대로로 나서면 가게 문을 열던 상인들이 인사를 했다. 사실 주변 가게의 사장들은 나보다 훨씬 부자들이었다. 그래도 우리 영업장의 차량 대수를 보아선지, 나의 무스탕을 보아선지 먼저 아는 체를 했다. 그렇게 상가를 사열하듯 한 집 한 집 인사하며 걸어 출근했다. 영업장에 와서는 사장실 벽에 무스탕을 걸어두면 사무실 안의 위계는 저절로 섰다.

그렇지만 좋은 시절은 길지 않았다. 시간이 지나면서 여기저기 경쟁업체가 생기기 시작하였다. '오퍼'들도 떠나가고 매매도 전 같지 않아 결국, 다른 사람에게 영업장을 넘기게 되었다. 우연하게도 나의 무스탕도 그때 장롱 깊숙이 처박히게 되었다.

해마다 겨울이 되면 옷 정리를 했다. 그때마다 나는 무스탕을 바라보며 회한에 잠겼다. 그것도 잠깐 아내의 "요새 누가 그런 옷을 입어요?" 한마디에 미련을 삭이고 돌아서곤 했다. 아내는 나의 마음을 아는지 "또 알아요? 유행은 돈다니까." 하며 위로를 잊지 않았다. 다시 무스탕을 입는 날이 올까. 나에게 그런 봄날이 다시 올까. 손꼽아 기다렸다.

올해도 겨울옷을 정리하면서 무스탕을 꺼냈다. 제사 때 집에 들른 제수씨가 "서울에서 다시 무스탕을 입는다."고 했다. 서울에 유행하면 대구도 곧 내려올 것은 당연한 일이다. 그러나 아무리 기다려도 거리에 무스탕을 입은 사람은 나타나지 않았다.

마침 서울에서 친구들과 모임이 있어 무스탕을 꺼내 걸쳤다. 기다리다 못해 서울로 마중을 가야겠다고 마음먹은 것이다. 아내는 무슨 생각이었는지 말리지 않았다. 외출할 때면 항상 아내의 검열을 받는다. 남편의 옷차림은 내조의 척도라며 잘못 입으면 자신이 욕먹는다고 했다. 편한 대로 입고 나가길 좋아하는 나와는 항상 한바탕 실랑이를 하곤 했지만, 그날은 아무 말이 없었다. 아마 아내도 그때 무스탕을 입고 활개를 치던 내 모습이 좋았던 모양이었다.

역으로 가는 동안 무스탕을 입은 사람이 한 명도 보이지 않았다. '촌놈들 서울에서는 다시 유행하고 있는데.' 하며 속으로 비웃고 서울행 기차에 몸을 실었다. 그때부터 괜히 사람들의 옷차림에만 신경이 쓰였다. 대전, 광명을 지나 서울에 다 와 가는 대도 무스탕 입은 사람은 차에 오르지 않았다.

서울 역에 마중 나온 친구에게 대뜸 "서울에 무스탕이 다시 유행한다면서?" 하고 물었다. "그런 말은 들은 같은데 입은 걸 보지는 못했다."고 했다. 그 말끝에 한마디 덧붙였다. "지난번 추위 때 이십 년 동안 옷장 안에 넣어 두었던 무스탕마저 입고 나올 정도로 춥다고 뉴스에 나오더라. 무스탕 입은 사람 카메라에 한참 잡혔지 아마?"

　서울에 오면 여기저기 무스탕을 입고 다니리라 생각하고 왔는데 아니었다. 갑자기 무스탕이 무거워지며 온몸에 땀이 나는 것 같았다. 입고 온 게 후회가 되기 시작했다. 추운 날 입고 나와도 뉴스거리가 되는데 이런 따뜻한 날에 두꺼운 무스탕이라니 부끄럽기까지 하였다. 모두 유행 지난 무스탕을 입고 있는 나를 쳐다보는 것 같아 서울 구경도 제대로 못 했다.

　'제비 한 마리 날아왔다고 봄이 온 것이 아니다.'라는 말이 무슨 의미인지 알 것 같았다. 집에 돌아와 무스탕을 고운 수건으로 결대로 깨끗이 닦았다. 비닐을 씌워 다시 다락방 옷상에 걸었다. 무스탕의 시대가 돌아오면 내 시대가 다시 오리라 여겼던 어리석은 믿음도 같이 넣었다. 뒷날 생각해보면 지금이 내 전성기일지도 모를 일이다. 그냥 과거의 미련은 접고 현실에 충실하기로 했다.

고모가시나

　　　　　　　　　　　　　동생이 하나, 둘 태어나자 나는 시골 할아버지 집에 맡겨졌다. 그 무렵 겨울에는 눈이 많이 내렸다. 장독대 위에 쌓인 눈을 모아 주먹으로 꾹꾹 눌러 덩어리를 만들었다. 내 곁에 어떤 여자애도 눈을 뭉치고 있었다. 그 애는 날 보고 웃더니 눈사람을 만들어 주었다. 어린 나이였지만 그 애가 나를 귀여워한다는 걸 느낄 수 있었다. 할아버지는 그 여자애에게 고모라고 부르라 했다. 난 이름을 부르듯 고모라고 불렀다.

　골목에 나가면 사내애들이 여자애들에게 이름 뒤에 계속 가시나를 붙여 불렀고, 여자애들은 개의치 않았다. 무슨 뜻인지 몰랐지만, 그렇게 부르는 것이 재미있게 들렸다. 집으로 돌아와 고모에게 고모가시나라고 불렀다. 그랬더니 고모는 울면서 할머니에게 일렀다. 그때 내가 다섯 살, 고모가 아홉 살이었다. 조카가 와서 귀엽다고 했는데 느닷없이 가시나라고 했으니 작은 마음이 얼마나 아팠겠는가. 나는 무얼 잘 못 했는지도 모르면서 밤늦도록 우는 고모를 달랬다.

고모는 어릴 때부터 공부를 잘했다. 비록 시골 학교지만, 한 번도 일등을 놓친 적이 없었다. 학교생활도 모범적이었다. 오토바이 뒤에 타다 발뒤꿈치를 다쳐도 학교를 빼먹지 않았다. 초등학교 5학년 때에는 졸업식에서 송사를, 다음 해는 답사를 했다.

나는 초등학교에 입학하면서 대구로 왔다. 학교에 다니면서 비로소 고모가 이름이 아니고 아버지의 동생이란 걸 알았다. 고모는 아버지와 띠동갑이었다. 그것도 두 바퀴나.

방학이 되면 할아버지 댁으로 갔다. 혼자, 어떤 때는 동생을 데리고 갔다. 고모는 어린애들이 용케도 왔다며 놀라워했다. 그리곤 대구의 도시 생활을 궁금해했다. 나는 그냥 묻는 대로 대답만 했다. 고모는 내 말들을 모아 대구를 상상했다. 그러면서 반드시 도시로 나가 공부하겠다는 마음을 키워갔다.

드디어 중학 삼학년이 된 고모는 대구로 전학을 했다. 자그마한 집에 부모님과 우리 사 남매, 대학생 삼촌 둘, 고모까지 모두 아홉 명이 살았다. 고모는 없는 사람처럼 공부만 하였다. 많은 식구 사이에서 공부만이 살길이라고 뼈저리게 느낀 듯했다.

어느 날 부모님이 외출하면서 점심은 짜장면 시켜 먹으라 하고 나가셨다. 우리는 사 인분만 시켰다. 고모가 있는 줄 몰랐다. 그때 고모는 작은방에서 숨소리도 내지 않고 공부하고 있었다. 먹다가 동생들이 남겼고 나도 더는 먹을 수가 없을 때 고모가 생각났다. 고모는 말없이 우리가 남긴 짜장면을 먹었다. 그때 우리는 별생각 없었지만, 나중에 고모는 그 일이 무척 서운했다고 털어놓았다.

고모는 열심히 공부한 끝에 K여고에 입학했다. 나는 N중학에 진학했다. 고모와 삼 년 동안 같은 버스를 타고 등교했다. 야트막한 산을 넘고, 벌판을 가로질러 못둑을 따라 삼십 분도 넘게 걸어 버스를 탔다. 겨울에는 바람이 너무 세차 볏단 더미에 숨어 잠시 몸을 녹였다. 고모는 교대에, 나는 근처 고등학교에 진학하며 이 년 더 같이 다녔다.

고모는 항상 용돈이 궁했다. 올케인 어머니에게 필요한 돈 말고는 달라 할 엄두도 못 내었다. 아침 등교하면서 조카 네 명이 내미는 손 위에 하나 더 얹기가 참으로 힘들었을 것이다. 꼭 써야 할 곳도 못 쓴 경우가 부지기수였다. 아마 고모는 한 푼도 마음대로 써 보지 못했을 것이다.

고모는 학교를 마치고 경주 어느 초등학교로 발령을 받아 집을 떠났다. 주말 고모가 집에 오는데 그림을 들고 왔다. 자화상이었다. 아직 친구들은 대학 삼학년으로 자유와 낭만을 느끼고 있을 나이에 자신에게 최선을 다하는 어린 초등 교사가 그려져 있었다. 직장을 갖고서야 취미활동을 시작한 것이었다. 자그만 여유에도 고모는 꾸준히 자신의 품격을 높여 나갔다.

혼기가 차자 주위에서 선이 들어왔다. 거절만 하는 고모에게 어떤 사람이 좋으냐고 물었다. 결혼하지 않고 혼자 살겠다고 했다. 그러면서 도현이 같은 사람이면 당장 하지라고 했다. 여자라면 한 번씩 가져본다는 독신주의는 차치하고도 나 같은 사람과 결혼한다고 말해서 놀랐다. 사춘기 시절 알게 모르게 고모에게 철없이 군 죄가 많았기 때문이었다.

어느 날 고모부 될 사람을 소개한다고 했다. 누가 우리 고모와 결혼하게 될까 기대가 되었다. 고모의 말투로 보아 마음에 썩 들지는 않은 듯했다. 누가 들어오기에 저 사람이냐 하면 저만큼 잘 생기지 못했어, 저 사람은 풍채라도 좋지 하면서 나의 기대치를 계속 끌어내렸다.

그러던 중 어떤 사람이 손을 흔들며 우리 자리로 왔다. 걱정과는 달리 키도 나보다 컸고 생김새도 보통은 넘었다. 큰 코만 빼면 잘 생긴 얼굴이었다. 큰 조카라고 인사하고 다시 쳐다보았다. 코가 큰 만큼 눈은 적었다. 어색한 분위기를 바꾸려고 연신 한 마디하고 웃고 또 한 마디하고 웃었다. 그럴수록 코는 커 보이고 눈은 작아 보였다.

집에 돌아오니 가족들은 어떻더냐고 물었다. 나는 괜찮더라고 짧게 말했다. 시집을 가지 않아 걱정했는데 막상 간다니 서운한 마음이 들어 그렇게 말했다. 고모는 그 사람이 한양 조씨 14대 종손이라고 했다. 대가족에 질려 피할 만도 한데 고모는 그 사람을 택했다.

고모가 시집가는 날, 어머니는 많이 우셨다. 시집올 때 기저귀를 차고 있던 시누이를 키워 시집보내니 어찌 울 사연이 없겠는가. 교사인 아버지의 박봉에 사 남매도 버거운데 두 시동생과 시누이를 떠맡았으니 어머니의 고생도 대단했다. 어머니는 고모를 떠나보내며 그동안 용돈 한번 넉넉히 주지 못한 기억과 고생을 떠맡은 신세풀이를 어린 시누이에게 하지 않았나 하는 죄책감에 마음 아파했다. 고모가 신행을 떠날 때 뒤돌아 대문에 등을 대고 그렇게 한참을 우셨다.

고모는 두 시동생과 시누이랑 같이 살림을 시작했다. 영양에는 시부모님이 계셨다. 종가답게 많은 제사가 있었다. 어머니보다 더 힘든 시집살이였다. 그래서 그럴까. 고모는 어머니의 힘든 생의 여정을 가슴으로 이해했다.

세월이 흐르는 동안 고모에게는 수많은 일이 일어났지만, 매 순간 지혜롭게 헤쳐나갔다. 이제는 초등학교 교장으로 근무하며 사랑하는 남편과 아들, 며느리, 손자들 속에서 행복을 누리고 있다.

나의 유년기와 성장기 때 내 인생의 한 축으로 자리를 잡고 있는 고모를 생각하면 하늘이 내린 선물이라는 생각이 든다. 지금도 나에게 무한사랑을 베풀고 있는 고모다. 이젠 내가 그 사랑에 보답해야 하지만, 아직 그러질 못하고 있다. 그저 마음만 고모에게 사랑과 애정을 듬뿍 담아 보낼 뿐이다.

영양 고모부

영양 고모부의 고향 마을은 문필봉을 바라보고 있다. 그래서인시 예로부터 문장가가 많았다. 근세에는 박사, 고위공직자가 많기로 소문이 났다. 지금은 다른 시골 마을처럼 노인들만 가득하지만, 그들의 자부심과 과거 영화의 허세는 여전하다.

마을에는 노인들이 모이는 사랑방이 있다. 할 일 없는 노인들이 매일 해질녘이면 하나둘 출근부 도장 찍듯 자리를 잡는다. 먼저 온 사람도 서열대로 정해진 자신의 자리에 앉는다. 비록 영양 일월의 골짜기 마을이지만, 노인들 행색이 예사롭지 않다. 한평생 타지에서 한자리하다가 말년에 낙향한 분들이 많기 때문이다.

고래 등 같은 고향 집이 어머니 품 같기도 하지만. 족쇄가 되어 내려온 사람도 있다. 텅 빈 집을 그냥 둘 수가 없었으나 처자식은 따라서 오려 하지 않았다. 할 수 없이 당신만 괴나리봇짐 하나 메고 고향으로 돌아와 마을 사랑방에서 헛기침이나 하는 처지가 되었다.

고모부도 낙향한 지 몇 년이 되었다. 처음 고향에 돌아와 신고식 한답시고 사랑방에 들어서자 층층시하 마을 어른들이 한방 가득 앉아있었다. 주눅이 들어 눈 둘 데를 찾을 수 없었다. 고모부의 종형이 어른들에게 인사를 시키고 다시 고모부에게 이분은 대학에서 학장을 하셨고, 저분은 경찰서장 하셨고, 또 저분은 도청 국장하셨고 하며 한 분씩 소개했다. 그럴 때마다 고모부는 미리 교육받은 대로 고개를 끄덕이며 놀란 척했다. 그래야 호명 당한 어른이 어깨를 쭉 펼 수 있기 때문이었다.

자네는 뭐 하다 왔는가 하며 결국 나올 질문이 나왔다. 작은 마을이라 서로가 알고 있었지만, 그중에는 아픈 데를 찌르고 싶어 하는 사람이 꼭 있었다. 대구 섬유기술원에 있었다는 대답에 인상이 돌아가고 심지어 쯧쯧 하는 소리도 들려왔다. 자기들과는 어울릴 수 없는 사람이라는 듯 선을 그었다. 과거야 어떠했든 지금은 끈 떨어진 연 꼴이 된 것은 매한가지면서 허세는 남아 있었다.

고모부도 대학을 졸업하고 손꼽히는 섬유회사에 근무하다 섬유기술원이 개원하면서 스카우트된 재원이었다. 그런데도 어른들은 '섬유'라는 소리만 듣고 공장근무자라는 인식을 해버렸다. 고모부는 길게 설명하기도 뭣해서 그냥 머리만 몇 번 조아리다 물러났다.

그날부터 고모부는 마을 일군이 되었다. 그도 그럴 것이 환갑 전이었던 고모부는 마을에서 가장 젊은이기도 했지만, 공장 근무자라 막 대해도 되는 사람으로 취급되었다. 심지어 고모부의 차는 동네 어른들의 기사 딸린 자가용이 되어 버렸다. 성품이 부드러운 고모부는 무슨 일이든 마다 않고 기꺼이 두 팔 걷고 나섰다.

한 해가 지나고 두 해가 지나자 고모부를 바라보는 시선이 조금씩 변하기 시작했다. 자식들이 가족들을 데리고 수시로 들렀고, 우리 조카들도 철마다 인사드리려 찾다 보니 주말이면 항상 집이 북적거렸다. 일 년에 기껏 명절 때만 인기척이 나는 그들로서는 부럽기 짝이 없었다.

그러던 중 강화도령이 임금님이 된 것처럼 고모부에게 천지개벽하는 일이 생겼다. 미운 오리 새끼가 백조가 되어 하늘을 나는 일이 벌어진 것이다. 고모가 초등학교 교장으로 부임하게 되었다. 마을 일군이 졸지에 교장사부님이 된 것이었다. 마을에 초등학교 다니는 학생이라야 몇 되지 않지만, 그래도 그들의 교장 선생님이 고모이고, 고모부는 그 지아비이다.

고모부는 한사코 교장 선생님의 기사를 자청했다. 등굣길에 고모를 태우고 길을 나서면 교장 차를 알아본 사람들은 누구나 공손하게 인사를 했다. 비록 차 안에서 더 크게 답례를 하지만 그 뿌듯함은 그동안의 설움과 업신여김을 해소하고도 남았다.

면민들의 축제인 가을 운동회 때도 선생님들의 배려로 내빈석 가장 상석으로 모셔졌으니 마을 어른들의 부러움과 시샘을 한 몸에 받았다. 마을 사랑방 서열이 무의미 해지는 순간이었다. 마을 어른들은 자신들의 알량한 과거 경력을 내세워 그렇지 못한 사람들을 업신여기다가 면장과 나란히 앉은 고모부와 눈이 마주치자 무안함에 헛기침만 해대었다.

고모부는 예전처럼 아무 옷이나 걸치고 편하게 다닐 때가 좋았다며 너스레를 떨지만 새어 나오는 웃음은 참지 못했다. 초등교사와 결혼하면서부터 바라왔던 꿈이 드디어 현실로 이루어진 것이었다. 고모부는 부모님이 이 모습을 보셨더라면 우리 며느리 최고구나 하시며 어깨춤을 둥실둥실 추실 텐데 하면서 눈가를 촉촉이 적셨다.

고모와 고모부의 사랑은 각별하다. 고모부는 쉬지 않고 이어지는 고모 잔소리에도 언제나 허허 웃음으로 답했다. 고모의 사랑은 일월에 가면서 빛을 발했다. 그동안 삶의 터전인 대구를 떠나 영양 골짜기로 떠나기는 쉽지 않았다. 평생 가장, 남편으로서 희생하고 애쓴 고모부의 삶을 보상이라도 하듯 모든 걸 내려놓고 남편이 기다리는 곳으로 떠나 첩첩 산골 영양댁이 되었다.

고모부는 해마다 이때쯤이면 단풍도 예쁘고 도토리도 지천이니 한번 다녀가라고 한다. 올해는 고모 학교도 구경하고 우리 친정 조카들이 선물한 교장 명패도 직접 볼 겸 꼭 가봐야겠다. 또 평생의 꿈을 이룬 고모부의 호탕한 웃음소리도 들어보고 싶다. 두 분 사랑이 평생토록 일월산의 단풍처럼 붉게 타오르길 빌어본다.

조지 클루니처럼 되기

지금 살 빼기 작전 중이다. 배에서 '꼬르륵' 소리가 나는 데도 아무것도 먹지 않고 있다. 살 빼기를 몇 번 시도하다 실패했지만, 이번만큼은 목표도 명확하고 의지도 굳건하다. 금전이 걸린 이유도 있지만, 꼭 빼야 하는 또 다른 이유가 있다.

내년 1월이면 우리 부부가 결혼한 지 30주년이 된다. 두 아들이 태국 여행을 가자고 했다. 경비는 축하의 의미로 저희가 낸다고 했다. 잠시 후 그냥 내기에는 싱겁다는 생각이 들었는지 조건을 달았다. 부모 건강을 위해서라는 천사 같은 마음으로 포장된 체중 10kg 감량 조건이었다.

태국 여행이라는 아들의 마음 씀씀이가 기특하여 앞뒤 가리지 않고 철석같이 맹세하였다. 몇 달이 지나자 태국 여행을 간다는 사실만 기억에 남고, 거기에 따르는 조건은 까맣게 잊어버렸다. 언제

쯤 가느냐고 물으면 아들은 실실 웃기만 할 뿐 별말 않았다.

며칠 전 다시 묻자 아들은 스마트폰에 저장한 우렁찬 음성을 들려주었다. 그 목소리는 다름 아닌 체중을 빼겠다고 맹세한 내 목소리였다. 빼지 못할 경우에는 아내와 두 아들에게 십만 원씩 벌금을 주겠다는 말까지 분명하게 들렸다. 그 목소리에는 평소 85kg을 오르내리는 내 몸무게를 75kg로 낮추겠다는 근거 없는 자신감이 넘쳐흘렀다.

정해진 날짜는 겨우 보름밖에 남지 않았다. 태국 여행은 물론이거니와 벌금 30만 원을 강탈당하게 생겼다. 그 불합리한 상황을 벗어나는 길은 아무리 생각해봐도 살을 빼는 방법밖에 없다. 이번 기회에 아비가 얼마나 독하고 무서운가를 보여주고 싶다. 사실은 그 이면에 훨씬 중요한 욕망이 숨어 있다.

지금 몸매도 괜찮다며 그냥 살라고 말하는 친구가 있다. 주어진 몸매를 인정하고 받아들이라고 한다. 친구는 그럴 수 있어도 나는 그럴 수 없다. 비록 이순을 바라보지만 나는 남자다. 아직은 아버님, 어르신이 아닌 남자로 살고 싶다.

배보다 돌출된 돌덩이 같은 가슴, 몸은 슬림하지만 엷은 셔츠 안에서 꿈틀대는 근육, 날렵한 눈매, 섹시한 턱선, 지칠 줄 모르는 열정을 소유한 사나이로 남고 싶다. 단 한 번 눈길로 여심을 뺏을 수 있는 남자로 말이다. 그러기 위해서는 살을 빼야 한다. 어르신이 되지 않고 조지 클루니 같은 꽃중년이 될 기회다.

몸무게가 75kg이었던 적이 언제였던가. 65kg에 결혼하여 신혼 때는 해마다 1kg씩 늘었으니 지금으로부터 20년 전이다. 강산이 두 번 바뀐 세월 동안 찌운 살을 보름 안에 뺀다는 것은 무모한 도전이다. 조지 클루니가 되기 위해서는 어떤 대가라도 치러야 한다. 목표 달성을 위해 단단히 마음을 다졌다.

배가 나오지 않은 사람을 유심히 관찰했다. 크게 세 부류였다. 선천적으로 타고난 사람, 식사량을 지키는 사람, 운동으로 몸을 다듬는 관리형으로 나눌 수 있다. 아버지도 송해 몸매인 데다, 나는 먹성도 남다르다. 달력에 빈 곳보다 모임 메모한 날이 많아 애당초 살 빼기가 힘들었다. 마지막 방법인 운동을 닥치는 대로 해 볼 뿐이다.

살 빼기를 위해서 포기해야 하는 것도 많다. 가족끼리 저녁에 갖던 술자리도 하지 않는다. 서문시장에 가서도 길가에 늘어선 먹거리에 눈길을 줄 수 없다. 모임에 가서도 소갈비, 해물찜을 맛만 보고 입가심으로 나오는 단술도 피한다. 친구와 만남도 줄인다.

살 빼기는 어지간히 마음먹지 않으면 실패하기 일쑤다. 직장생활을 할 때, 살 빼기를 원하는 직원들이 모임을 만들어 매주 집회를 열었다. 체중을 공개하여 경쟁적으로 살 빼기를 기대했다. 매주 감량 성적이 최고인 회원을 시상하고, 성공사례담을 들었다. 잠시 성황을 이루는 듯했으나 곧 실패하고 해산했다. 회원 구성에 문제가 있었고, 감량에 대한 절실한 의지가 부족하여 목적이 변질하였기 때문이다.

　회원 모두가 미식가여서 맛집 몇 군데는 꿰뚫고 있었다. 집회를 마치면 유사를 바꾸어가며 맛집 순례가 이어졌다. 몇 주가 지나자 모두가 감량에 실패하여 가장 적게 체중이 증가한 회원이 성공 사례담을 하는 사태가 발생했다. 여자분이었는데 1kg밖에 늘지 않아 최고 감량 회원으로 선정되었다. 그녀는 손가락에 고무줄을 매어 놓고 식욕이 꿈틀거릴 때마다 당겼다며 자신의 와신상담 사연을 눈물겹게 털어놓았다.

　살 빼기 작전에 돌입한 지 10일이 지났다. 그동안 7kg을 감량했다. 주위에서 사우나, 설사약, 금식을 권했지만, 그렇게 해서는 체중은 주는지 몰라도 멋진 몸매가 되지 않는다. 오로지 운동과 식사량 조절로 체중을 줄였다. 운동으로 바르게 걷기, 자전거 타기, 팔굽혀펴기를 죽을힘을 다해 꾸준히 했다. 식사는 닭 모이 쪼듯 했다.

　아직은 가슴보다 배가 뿔룩하고, 턱선에도 변화가 없다. 지금까지는 물렁살이라 빠졌지만, 여기가 한계인 듯 더는 줄지 않는다. 지금까지 살을 태워 뺐다면 이제부터는 뼈를 깎는 고통이 따르리라. 우여곡절 끝에 3kg 더 빼서 목표 달성한다 한들 섹시가이가 될는지 확신은 없다만 그건 그때 되어 다시 생각해 볼 거다.

　비록 아들의 술수에 넘어가 배를 곯고 있지만, 못해 보고 지나갈 수도 있었던 수컷의 마지막 몸부림을 쳐볼 수 있어 즐겁다. 아직 내게 이런 열정이 남아 있다는 게 신기하다. 하루하루 가벼워지는 몸만큼 마음에는 자신감이 차오르고 있다. 같이 살 빼기로 해놓고 체력 저하를 핑계로 포기한 아내가 뼈저리게 후회하는 일이 생겼으면 하고 은근히 기대해 본다.

3

이 땅의 교육을 바로 세워야 한다. 교육하는 선생이 교육을 받는 학생의 눈치를 봐야 한다면 교육이 제대로 될 리 만무하다. 교사가 되면서 가졌던 초심이 정년까지 간직될 수 있도록 교사의 인권도 헌법으로 보장되는 환경을 만들어야 한다. 탈선한 대한민국 교육을 복구하는 일을 더는 늦추면 안 된다. 존경받는 선생님, 사랑스러운 제자라는 말이 우리 곁으로 하루빨리 돌아오길 바란다. - 학교이데아

- 바람의 흔적
- 길
- 출사표
- 52점
- 파란 알약
- 선행
- 학교이데아
- 아버지의 바람
- 망각

바람의 흔적

아내는 나를 MRI 촬영실로 들여보내고 이곳저곳으로 나의 사고를 알렸다. 간단한 조사에 의해 이미 뇌출혈로 밝혀진 후였다. 더 정확한 상태를 확인하고자 찍는 것이었다. 차분한 목소리로 부모님께 알렸고, 가까운 친지들과 나의 친구, 직장으로 전화를 돌렸다.

그날은 2008년 4월 1일이었다. 친구들도, 회사 직원들도 아내의 말을 믿으려고 들지 않았다. 심지어 아내를 나무라기까지 했다. 아무리 만우절이지만 사람 목숨 가지고 장난치는 것 아니라고 했다. 다른 사람이면 몰라도 도현이 같이 건강한 사람이 그럴 리 없다고 쉽게 믿지 않았다.

사실 나는 누구보다도 건강에 자신이 있었다. 태어나서 초등학교 때 예방주사를 잘못 맞아 걸린 장티푸스를 제외하고는 앓은 적이 없었다. 그러니 사람들은 내 사고 소식을 믿지 않았다. 더군다

나 만우절이 아니었던가. 아침부터 벌써 몇 번은 속았을 오후 시간이고 보니 그들을 나무랄 수가 없었다. 가족력이 있는데도 과로와 과음으로 몸을 관리하지 못한 탓이었다.

사고 당일 아내와 같이 친구 공장에 업무상 방문하기로 되어 있었다. 출발까지 시간이 있어 잠시 피곤한 몸을 뉘었다. 살짝 잠이 들려는 찰나 찬 기운이 몸을 관통하였다. 몸이 한번 부르르 떨렸다. 이상하다는 생각은 들었지만, 별 이상이 없어 시간에 맞춰 출발하였다.

화창한 봄날, 오랜만에 아내와 같이 나선 나들이라 마음이 들떴다. 우리는 서로 마주 보며 웃기도 하였고, 차창 밖으로 펼쳐진 경치를 바라보며 봄을 만끽하였다. 친구 공장은 영천에 있었다. 아내는 S화재에 근무했기에 내가 연관되는 거래처에는 늘 동행했다. 막 청통휴게소를 지나 청통와촌 IC로 빠지기 직전에 엑셀레이트를 밟고 있던 오른발의 감각이 없어졌다. 이상하게 생각했지만 잠시 후 감각은 돌아왔다.

공장에 도착하여 S화재에서 왔습니다하고 경비실에 말했는데 못 알아듣겠다고 해서 세 번이나 말하고 겨우 통과할 수 있었다. 선물로 준비한 수첩이 든 박스를 들고 가다가 팔에 힘이 빠져 놓치고 말았다. 여러 징조로 볼 때 몸에 문제가 있음이 분명했지만, 그때까지는 그냥 이상하다고만 생각했다. 마주 앉은 담당 직원이 내 얼굴이 이상하다고 해서 거울을 봤다. 한쪽이 쳐져 있었다. 그때야 무슨 일이 생긴 것이 분명하다고 느꼈다.

다시 정신을 차려 보니 병원 중환자실이었다. 비몽사몽 누워있는데 간호사가 왔다. 다행히 출혈량이 적어 수술은 하지 않고 약물로 치료한다며 한동안 절대 일어서면 안 되고, 베개에서 머리를 떼면 안 된다고 주의를 주었다. 천천히 몸을 움직여 봤다. 손가락 발가락은 모두 움직였다. 몸도 이쪽저쪽 뒤척일 수 있었다. 죽지 않고 사지 멀쩡한 게 어디냐 생각하니 조금은 마음이 놓였다.

다음날 아버지가 오셨다. 내 손을 잡았다. 많이 놀란 모습이었다. 평생 걱정만 끼치다 이제는 몸 간수조차 못하여 누워 있었으니 말할 수 없이 죄송했다. 나는 괜찮다며 웃음을 지어 보였다. 아버지는 고개를 끄덕였다.

식사를 하려고 몸을 일으켰다. 숟가락을 잡을 수가 없었다. 손가락에 힘이 없어 그냥 밑으로만 축 늘어뜨려졌다. 내 손이지만 내가 할 수 있는 것은 내리고 올리고 하는 것뿐이었다. 아내가 밥을 입에 넣어 주었다. 입이 벌어지지 않았다. 아내가 손으로 입을 벌려 밥을 밀어 넣었다. 웃으면서 국물도 반찬도 넣어주지만, 눈꼬리엔 눈물이 맺혀 있었다. 그 순간 아내도 나도 평생 이러면 어쩌나 걱정했다. 다음 식사 때부터 상태가 괜찮은 왼손으로 먹었다. 입에 들어갈 만큼 조금씩 양을 조절했다.

병원에는 두 달 남짓 있었다. 원장인 이종형이 치료는 다 했으니 집으로 가서 재활 운동하고 약 먹으면서 차차 경과를 보자고 했다. 집으로 돌아오니 반가웠다. 하지만 집에서 내가 할 수 있는 게 없었다. 전화조차 받을 수 없었으니 다른 일이야 오죽했으랴. 한창 열정적으로 일해야 할 나이에 그렇게 집에서 무위도식하려니 몸도 마음도 무척 괴로웠다. 당장은 말을 하지 못하고 글씨도 쓸 수 없으니 무슨 일도 할 수가 없었다.

사람들과 만나는 게 힘들어 외출을 삼가지만, 괴로운 것은 집 안에서도 마찬가지였다. 두 아들이 한창 공부할 때였다. 경제적으로 정신적으로 아무런 도움이 되지 못하고 집에서 빈둥대는 모습만 보여 주는 것이 무척 가슴 아팠다. 아버지는 올 때마다 다른 걱정 하지 말고 몸만 신경 쓰라고 말하지만, 혼자 모든 책임을 지고 있던 아내가 듣기에는 한숨이 나는 말이었다. 나는 차라리 없는 게 나은 사람이 되고 말았다.

사고가 난 지 6개월 되자 병원에서 복지카드를 만들어 주었다. 뇌병변장애 4급이었다. 다시 MRI를 찍어 봤다. 뇌에는 시커먼 흔적이 남아 있었다. 담당 의사는 훼손된 부분은 회복되지 않는다고 했다. 평생 그렇게 살아야 하는가 생각하니 슬퍼졌다.

그래도 아내는 이제 다 나았는데 뭐 그러냐며 위로해 줬다. 그러고 보니 많이 회복되었다. 천천히 걸으면 누구도 이상하다는 것을 눈치채지 못했다. 글씨도 20자까지는 잘 썼다. 간단한 서명에는 지장이 없었다. 말하지 않고 입 다물고 있으면 정상으로 보였다. 간단한 몇 마디 말은 이상 없이 할 수 있었다. 차츰 식사는 혼자 잘하고 술도 한 모금씩 할 수 있게 되었다.

찬 바람이 불더니 연말이 되었다. 고교동기회에서 총무를 맡고 있던 친구가 송년회 준비 때문에 전화가 왔다. 2부 사회를 보라고 했다. 해마다 2부는 이벤트 회사에 부탁을 했었다. 그런데 참석자들이 사회자 말도 안 듣고, 떠들고, 집중을 안 해서 못 하겠다며 그냥 동기 중에 한 명이 나와서 돌아가며 노래나 시키라고 했다. 그때부터 그 일은 내가 쭉 해왔었다.

지금 내가 말이 어눌하여 대화도 제대로 못 하는데 사회가 웬 말이냐며 사양했다. 그래도 친구는 내가 아니면 할 사람이 없다면서 그렇게 알고 있을 테니 죽이 되든 밥이 되든 알아서 하라며 전화를 끊었다.

막무가내로 떠맡기는 친구가 야속했지만 고맙기도 했다. 친구들 앞에서 어눌한 말투로 행사를 망치면 어떻게 하나 하는 걱정과 함께 나의 존재를 잊지 않고 기억해줘서 뿌듯했다. 아내에게 말했더니 사람 많은데 하필이면 언어장애자에게 사회를 맡기냐 하면서도 진짜냐고 되물었다. 아프고 난 뒤 처음으로 나에게 주어진 일이었다. 이왕 맡은 일 잘해야지 다짐했다.

신문을 큰 소리로 읽었다. 또박또박 한 자 한 자 읽었다. 쉬운 말은 그런대로 읽었지만, 어려운 말은 몇 번을 반복해도 발음하기 힘들었다. 그날 노래시킬 친구들 이름을 적어봤다. 평소에는 무심코 넘겼지만 무슨 이름이 그렇게 발음하기 어려운지 몰랐다. 한 명씩 크게 불러봤다. "정병무, 강석찬, 백성도". 입을 삐뚤거리며 정확한 발음을 내기 위해 애썼다. 그러나 '이시원' '하중수'처럼 쉬운 이름이 나오면 한숨을 돌렸고 그 친구가 고맙기까지 했다.

평소 하루에 열 마디도 하지 않다가 온종일 집이 떠나가라고 고함을 지르니 아내도 아들도 싫지 않은 듯했다. 아내는 처음에는 걱정이 되어 못 한다고 하라더니 내가 들떠 열심히 고함지르는 모습을 보고는 같이 장단을 맞춰주었다. "거기는 좀 더 길게 빼세요, 손을 펼치면서 하세요." 하면서 코치도 해 주었다. 애들도 다 나은 것 같다며 응원했다. 그동안 집에서 말도 하지 않고 병치레만 하던 내가 신이나 큰소리를 지르며 동작을 연습한다고 몸을 이리저리 움직이니 애들도 즐거워했다.

지성이면 감천이라 했던가. 하루하루 달라지더니 어느 순간부터 알아들어 줄 정도가 되었다. 신문 사설은 어렵지 않게 읽어 내려갔고, 이름을 부르면 호명 당한 사람이 자기인 줄 알고 대답할 정도는 되었다.

드디어 행사일이 되었다. 무척 떨렸다. 아내도 그 친구도 걱정되기는 마찬가지였다. 1부가 끝나고 그 친구가 2부 사회자로 내 이름을 불렀다. 무대로 힘차게 올라갔다. 대부분 참석자는 내 사정을 잘 몰랐다. 일 년에 한두 번 나오거나, 몇 년에 한 번 송년회라 참석하는 동기들이 대부분이었다. 그렇지만 긴장되었다. 크게 숨을 들이쉬고 2부 사회를 맡게 된 공도현이라고 큰소리로 인사했다. 친구들은 박수로 맞아 주었다. 아내와 사정을 아는 몇 친구들은 유독 큰 박수와 환호로써 용기를 북돋아 줬다.

준비해간 Y담과 퀴즈로 산만한 주위를 집중시켰다. 노래를 골고루 시키고, 술 취해 막무가내인 친구도 말리고, 선물도 적절히 나눠주며 재미있게 진행했다. 큰 실수 없이 끝을 내고 자리로 돌아왔다. 아내는 잘했다면서 활짝 웃어주었다. 친구들도 한마디씩 격려해 주었다. 고마웠다. 내가 자신감을 되찾을 수 있었던 행사였다.

바람이 남기고 간 흔적은 점점 옅어져 갔다. 그날 이후론 가벼운 산행도 하고, 그동안 연락을 끊었던 친구들에게 전화도 했다. 뇌졸중 때문에 고생하는 사람들을 보면, 나도 뇌출혈로 고생했지만, 이렇게 이겨 냈다고 당신도 곧 좋아질 거라며 용기를 준다. 오늘도 건강에 유념하며 다시 태어난 나에게 주어진 일이 무언가 생각하며 즐겁게 살고 있다

길

건물을 나서자 찬바람에 몸이 움츠려진다. 이리저리 일자리를 알아보았지만, 기술 없고 나이도 많은 나를 기다리는 곳은 없었다. 뇌출혈을 앓으며 받아둔 장애인 복지카드를 앞세워 동정을 기대해 봤지만, 그마저 퇴짜를 맞았다. 거리에는 바삐 걷는 사람들로 가득하다. 그 속을 뚫고 나갈 자신이 없다.

말하지도 걷지도 못하던 장애인이 힘든 재활 운동을 거쳐 간신히 사람 구실을 하게 되었다. 집에만 있는 것도 지겹고 돈도 벌고 싶어졌다. 혼자 악전고투하는 아내에게 조금이라도 면목을 세우고 싶었다. 그렇다고 남의 일을 하고 돈 받을 정도로 완쾌된 것은 아니었다.

시간도 보내고 작으나마 수입도 생기는 일을 찾아보았다. 편의점 개발과 직원을 만났다. 아르바이트생에게 일은 다 맡기고 관리만 해도 몇백만 원은 수월하게 번다고 했다. 평소 전문가의 식견을 존중했던 습성 때문에 쉽게 그 말을 믿었다. 적금과 보험을 몽땅 해약하여 편의점 문을 열었지만 고생만 진탕했다

 편의점을 접고 여러 가지를 궁리했다. 돈 되는 사업은 무얼까, 내가 잘하는 것은 무얼까 아무리 생각해도 떠오르지 않았다. 심지어 돈은 남지 않아도 즐겁게 일을 하면서 원금이 보장되는 사업은 없을까 찾아보았다.

 그런 사업은 없었다. 나 자신을 되돌아보니 장사라고 벌려 제대로 된 적이 없었다. 투자해서 수익금은 고사하고 원금도 제대로 보존하지 못했다. 나는 왜 이럴까 답답해서 본 사주에도 돈이 나무木라서 자랄 수 있게 물水과 흙土이 있어야 하는데 나는 쇠金만 잔뜩 있어 돈을 벌지 못한다고 나와 있었다.

 사업은 포기하고 일자리를 알아보았다. 이력서를 적었다. 이렇다 쓸 게 없는 자격증, 경력을 적기가 힘들었지만 나이를 적기가 더 난감했다. 한 살이라도 줄이려고 만으로 적어 보냈지만, 어느 곳에서도 연락이 오지 않았다. 지인들에게 자리를 슬쩍 떠보았지만, 아무도 들은 척하지 않았다. 나도 아는 사람 밑에서 눈치 보고 잔소리 들으며 일하기 싫어 기대를 접었다.

 혹시나 하고 장애인고용 포털에 등록했다. 거기도 별반 다르지 않았다. 이력서는 부지런히 보내는데 기별은 없었다. 그러다가 내가 충분히 할 수 있고, 나이도 별문제 되지 않는 구인광고를 보았

다. 장애인복지센터에서 행정 보조, 청소, 서류정리를 하는 일이었다. 이력서를 메일로 보내지 않고 직접 들고 찾아갔다. 장애인 중에서 나 정도로 정상과 가까운 사람은 없을 거란 자신감 때문에 당연히 합격할 거란 기대를 가졌다. 단정하게 차려 입은 직원이 면접관은 먼저 온 사람의 서류를 받고 있으니 잠시 기다려 달라며 차를 내밀었다.

기다리며 주위를 둘러보았다. 장애인을 위한 프로그램 안내 벽보가 눈에 들어왔다. 한쪽에 구인란도 있었다. 오늘 면접 보는 구인광고가 마지막에 있었다. 차 한 잔을 다 마시고도 한참 지나서야 내 이름이 호명되었다. 들어간 방에는 앞사람이 미처 나가지 못하고 앉아있었다. 그녀는 우주 물리학자 호킹 박사처럼 기계에 몸을 의지하고 있었다.

면접관에게 예의 바르게 인사하고 이력서를 내밀었다. 이력서를 찬찬히 훑어보던 면접관은 나의 몸을 머리끝에서 발까지 살펴보더니 나지막이 말했다. 몸이 불편해서 수입이 없는 장애인에게 도움을 주려고 만든 프로그램이라고 했다. 나는 정상에 가까우니 더 능력을 발휘할 수 있는 직장을 찾아보라며 이력서를 되돌려 주었다. 합격한 듯 보이는 여자 호킹 박사는 나에게 희미한 미소를 보냈다. 순간적이나마 그녀가 부러웠다. 여기보다 더 나은 직장은 나를 뽑지 않으니, 나보고 어쩌란 말이냐고 따지지 않았다. 그 말은 전에도 한 번 했기에 안 하는 게 낫다는 걸 잘 알고 있었다. 묵

묵히 돌아서 나왔다.

대학을 졸업하고 사회에 첫발을 내디뎠던 때였다. 요즘도 취업이 안 된다고 하지만 되돌아보면 그렇게 잘 된 시절도 없었다. 우리 과 졸업생 사십 명 중에 전공 찾아 취업한 학생은 한둘밖에 되지 않았다. 다섯 분이나 되는 교수들도 안타까운 마음에 백방으로 나서보았지만 수를 늘리지 못했다. 시간이 지나자 제약회사, 보험회사에 하나둘 취업하였다는 소리가 들렸다. 나도 가만히 있을 수가 없었다. 그동안 공부시켜 주신 부모님을 봐서라도 어디든 취직해야 했다.

대기업은 언감생심 꿈도 꾸지 않았다. 신문 구인 광고를 온종일 보고, 전화했다. 대우가 괜찮고 근무 조건도 마음에 들어 찾아가면 십중팔구 영업사원이었다. 백과사전, 자동차, 보험회사는 당연히 영업사원을 모집했지만, 식품회사나 제약회사도 영업사원을 모집했다. 영업사원 말고는 취업할 데가 없었다.

몇 달간의 구직혈투 끝에 성서공단 내의 플라스틱제조 공장에 취직하였다. 고졸 사원을 뽑는다고 해서 학력란의 대학은 비워두었다. 사무실에서 일을 배우다 틈이 나면 공장에서 같이 일했다. 나중에는 공장에서 일하다가 일이 있을 때만 사무실로 갔다. 사무직원을 뽑아놓고 공장 일을 시켰지만, 일할 곳이 있고 어머니에게 월급봉투를 전해 줄 수 있어 행복했다.

거래처를 익히고, 직원들과 퇴근 후 한잔하면서 회사에 재미를 붙일 즈음 생각도 않았던 문제가 생겼다. 격동의 80년대, 그동안 억눌렸던 노동자들이 들고일어났다. 날마다 신문 1면에는 '파업', '공권력', '직장폐쇄' 등 무시무시한 단어들이 장식했다. 노동자들의 파업을 부추기기 위해 고학력 운동가들이 현장에 파고들었다. 학력을 속여 공장에 취업하는 소위 '위장 취업'이었다.

불똥은 엉뚱한 곳에 떨어졌다. 나에게 퇴사 통보가 날아왔다. 그동안 회사에서 나에 대한 조사를 해왔었다. 직원들과 대화 내용이 선동적이었고, 학력이 대졸이라는 것이 퇴사의 이유였다.

대기업에 취직 못해 대학 졸업장이 필요 없었다. 직원들에게 물어봐라. 내가 무슨 선동적인 얘기를 했는지 하며 억울함을 호소했지만, 사장이 결정한 일이라 번복을 할 수 없다며 더는 말을 못하게 막았다. 열심히 일하고 싶다. 더 나은 직장은 나를 뽑지 않으니, 나보고 어쩌란 말이냐 하고 따졌다. 이미 끝난 일이라며 내 등을 밀었다. 사회에 나와 첫발을 디딘 직장에서 남들이 나오지 않은 대학 나왔다고 쫓겨났다. 그 순간 잠시나마 대학 나오지 못한 그들이 부러웠다.

걸음을 멈추고 뒤돌아서서 장애인복지센터 건물을 본다. 여기서 근무하기 위해 더 심한 장애를 가져야 한다면 단호히 거절했을 테다. 내가 건강을 되찾기 위해 어떤 재활의 시기를 보냈는지 생각해 본다. 어눌한 말소리를 교정하기 위해 볼펜을 물고 큰 소리로 책을 얼마나 읽었는지 모른다. 떨어지지 않는 발걸음을 질질 끌면서 불 꺼진 학교 운동장을 또 얼마나 돌았는지도 모른다. 그렇게 해서 이만큼이나마 되찾은 나의 모습을 일자리 하나 때문에 되돌린다는 것은 말이 되지 않는 일이다.

 바람이 더 세차졌지만 견딜만하다. 소가 가는 길이 있고, 개가 가는 길이 있다고 하지 않나. 우리에게는 제각각의 길이 있다. 이번 자리는 여자 호킹 박사 몫이고 어디엔가 내게 딱 맞는 일이 있을 거다. 그 믿음을 잃지 않고 꿋꿋하게 나의 길을 가야겠다.

출사표

　　　　　　　　　　　　　　　　내가 다니고 있는 환경공단에서 공부직을 모집했다. 나는 계약직이라 11월 말이면 실업자가 된다. 내년 봄 다시 새로운 계약을 맺을 때까지 기다려야 한다. 뽑힌다는 보장만 있다면 구직활동지원금(실업수당)을 받으며 서너 달 쉬는 것도 괜찮다. 문제는 어떻게 될지 모른다는 데 있다. 정년이 다 되어가는 나이지만 과감하게 출사표를 던졌다.

　말은 그렇게 했지만, 그게 다는 아니었다. 이순이 다되어 내 인생을 되돌아보니 너무나 안일하게 살았고 더 나은 나를 위해 도전한 적이 없었다. 직장도 아버지 친구, 선배들, 외삼촌이 경영하는 회사에 연줄로 들어갔다. 했던 장사도 중고차상사, 편의점 같은 자본만 있으면 쉽게 할 수 있는 종목이었다. 내 존재감을 확인하고 싶은 도전 의식이 불타올랐다.

　시험공부 하기 위해 교제를 구했다. NCS (직업기초능력평가+직무수행능력평가) 책을 펼치는 순간 뭐가 크게 잘못이었다는 걸 느꼈다. 일반상식이나 국사처럼 암기하면 맞출 수 있는 게 아니었다. 문제해결 능력을 평가하기 위해 다섯 명 중 두 명은 참을 얘기했고 셋은 거짓을 말했으니 답은 무엇이냐고 물었다. 형사도 아니고 최근에 편의점을 했고, 작년부터 수목 관리하는 나로서는 뜬구름 잡는 얘기였다.

시험을 물릴 수 없었다. 내 몫으로 돌아오는 집안일을 줄여 보려고 아내와 아들에게는 이미 얘기를 했다. 아내는 줄여 주는 데 그치지 않고 고3 입시생 대하듯 했다. 일체 집안일은 손 못 대게 했고 공부에 전념할 수 있게 해주었다. 내가 시끄러울까 봐 텔레비전도 소리 죽여 보았다. 아내의 배려는 눈물 나게 고맙지만, 되지도 않는 공부 하려고 책상에 앉아있으니 온몸에 좀이 쑤시고 잠이 저절로 왔다. 시험 당락이 중요한 게 아니라 가족들에게 끝까지 최선을 다하는 모습을 보이는 게 더 중요하게 되었다. 멀리서 부모님 발자국 소리가 들리면 공부하는 척했던 학창시절로 되돌아갔다.

아내의 배려로 책상에 앉은 지 하루, 이틀이 지나고 일 주, 이 주가 지났다. 처음 영어책을 펼쳤을 때 지렁이로만 보이다가 차차 알파벳이 되듯 말도 되지 않았다고 여겼던 참, 거짓을 분간하게 되고 오랜만에 접한 수학도 간단한 문제는 척척 풀었다. 속이 자존감으로 꽉 차올랐다. 합격한 내 모습을 상상하며 웃음을 지었다.

시험이 있는 날은 전날부터 태풍이 몰아쳤다. 평생 처음 치르는 구직시험에 나도 모르게 긴장되어 화장실에 몇 번을 갔는지 모른다. 한 시간이나 일찍 출발했지만 일대는 벌써 주차하려는 차로 뒤엉켜 있었다. 차는 움직이지 않은 채 시간은 흘러만 갔다. 이러다 시험 못 치르는 건 아닌가, 대중교통 이용하랄 때 들을 걸 하며 마음 졸이자 다시 배가 아프기 시작했다. 근처 주차는 포기하고 화장실이 딸린 인근 공원까지 차를 몰았다. 남은 시간 이십 분, 늦지 않게 태풍 속을 바람처럼 달렸다.

시험장에 들어선 순간, 처음 NCS 교재를 펼칠 때보다 몇 배나 강한 충격을 받았다. 내가 보는 공무직은 정식 직원이 아닌 무기계약직을 말한다. 당연히 직급도 낮고 일도 험하다. 공무원 준비하는 사람들, 공부 좀 한 사람들은 일반직 시험을 보고 나 같은 사람들이나 공무직 시험을 본다고 생각했다. 열 명 남짓 뽑는 공무직 시험에 오백 명이 넘는 젊은 구직자들이 몰려들었다. 말로만 듣던 청년실업 문제가 얼마나 심각한가를 절실하게 피부로 느끼는 순간이었다.

스물네 명이 치는 교실에 내가 나이가 제일 많은 건 물론이고 이십 대 후반에서 삼십 대 초반이 대부분이었다. 일자리를 구해야 장가를 갈 테고 그래야 아기를 낳을 텐데 나라의 앞날이 눈앞에 참담하게 펼쳐져 있었다. 만약 내가 된다면 한 명의 젊은이 인생을 망치는 게 아닐까. 조용히 일어나 집으로 갈까 하는 생각도 했다.

불쌍한 건 젊은이만이 아니었다. 험한 세상살이 헤쳐나가다 건강을 돌보지 못해 뇌졸중을 앓았고, 있는 돈 없는 돈 끌어모아 장사한다고 다 날린 내 처지가 그들보다 나은 게 없었다. 아직 공부를 마치지 못한 아들도 있어 누구를 봐줄 처지가 아니었다. 그보다 그들과 경쟁해서 이기고 싶은 승부욕이 끓어올랐다. 서로 힘든 처지니 정정당당하게 한판 붙어보리라 마음먹었다.

시험이 끝났다. 한동안 어깨를 짓눌렀던 시험이 끝나자 날아갈 기분이었다. 가족들이 합격을 기대하지 못하도록 시험장 분위기를 자세히 설명했다. 아내와 아들도 꾸준히 구직학원에 다니는 젊은이들을 어떻게 이기겠냐는 분위기였다. 혼자 곰곰이 생각해 보았다. 특별히 어려운 문제도 없었고, 시간도 부족하지 않았으니 혹 합격할 수도 있지 않을까. 그때 태풍과 함께 비구름은 사라지고 뭉게구름 사이로 파란 하늘이 언뜻 보이더니 눈 부신 햇살이 집안을 비추었다.

52점

환경공단 공무직 사원모집에 응시했다. 13명 보집 공고를 보고 원서를 냈는데 고사징에는 500명 넘는 인원이 모였다. 그것도 아들 또래의 청년들이 대부분이었다. 스물네 명이 앉은 고사장에 내가 가장 나이가 많았다. 한 교실에 합격자가 한 명이 채 안 된다는 사실이 어렵겠다는 생각을 들게 했다.

공무직은 일반직과 달라서 일도 힘들고 진급도 되지 않는다. 같은 날 일반직 시험도 있어 꾸준히 공부해 오던 취준생들은 일반직 시험을 치르고, 나처럼 퇴직 후 재취업 자리를 찾거나 자영업을 정리하고 특별한 기술이 없어 힘든 직장이라도 구하려는 중년들이 지원하는 줄 알았다. 내가 너무 세상을 모르고 있었다. 청년실업자 문제가 정말 심각했다.

시험문제는 수학처럼 답이 딱 떨어지는 문제도 몇 있었지만, 대부분이 어떤 일이 발생했을 때 해결 방법을 물었다. 암기력과 순발력은 젊은이들보다 못하겠지만, 살아온 세월이 말해주듯 인생 경험은 그들에 비할 바가 아니었다. 인간관계, 사회생활에 관한 문제에 한해서는 조금도 뒤지고 싶지 않았다. 막힘없이 답을 써 내려갔다. 당당하게 답안지를 제출하고 시험장을 빠져나왔다.

돌아와 눈을 감고 시험 문제를 찬찬히 되새김질했다. 오십 문제이니 하나 틀리면 이점씩 감점된다. 나는 장애인이라 10점의 가산점이 붙는다. 알쏭달쏭한 문제는 다섯 정도. 그중 반이 틀리고 가산점을 더하면 100점이 훌쩍 넘는다. 이렇게 되고 보니 장애인이라 밝힌 것이 후회되었다. 젊은이들에게 정정당당하게 붙어보자고 해놓고 반칙을 쓴 듯 마음이 편치 않았다.

그때부터 걱정거리가 생겼다. 합격하여 당장 다음 달부터 출근하라고 하면 지금 다니는 직장은 어떻게 하지, 12월에 예약해둔 유럽 여행은 취소해야 하나, 특히 아들 같은 입사 동기들과의 인간관계는 어떻게 해야 하나 등 해결해야 할 일이 한둘이 아니었다.

가깝게 지내는 지인들에게 합격이 예상된다고 했더니 나보다 더 기뻐했다. 합격하면 최고급 호텔 뷔페를 쏘겠다고 했더니 환호성을 질렀다. 합격을 비는지, 뷔페 가게 해달라고 비는지 안 가던 절에서, 성당에서 기도하는 모습을 찍어 인증샷까지 보내왔다. 그냥 커피나 한 잔 산다고 할 걸 비싼 호텔 뷔페 산다고 말한 게 후회되었다.

기다리던 순간이 되었다. 환경공단에서 '필기시험 결과와 인성검사 안내' 문자가 왔다. 필기시험에 합격하여야 볼 수 있는 인성검사에 대한 안내까지 보내온 걸 보니 역시 합격했구나 하고 마음이 들떴다. 보내온 확인 사이트로 들어가 아이디와 비밀번호를 넣자 화면이 뜨는데 가슴이 덜컥 내려앉았다. "합격"이 아니라 "본사 채용에 관심을 가져주셔 감사합니다. 성적은 뛰어났으나 모시지 못해 죄송합니다."라고 적혀있었다.

그럴 리가 없다며 다시 확인해 보았지만, 틀림없었다. 눈을 내려 점수란을 확인했다. 52점이었다. 불합격보다 더 받아들이기 힘든 게 점수였다. 통지문에 성적이 뛰어났다고 적혀있어 이리 보고 저리 봐도 52점이었다. 시험문제를 되돌려 생각해봐도 틀릴만한 게 없었다. 평소보다 더욱 심사숙고하여 내린 답인데 52점이라니 기절초풍할 노릇이었다.

기대가 크면 실망도 큰 법이라 했던가. 마음을 추스르는데 긴 시간이 필요했다. 불합격된 줄도 모르고 지인들의 응원 메시지는 끊이질 않았다. 점수는 숨긴 채 낙방을 알렸다. 나 때문인지 뷔페 때문인지 전화기를 타고 긴 한숨 소리가 들려왔다. 언제 모여 돼지국밥이라도 한 그릇 하자며 달랬다.

왜 이런 일이 생겼을까 곰곰이 생각하는데 예전 직장 다닐 때 교육과정에서 성격 테스트를 받은 일이 생각났다. 어떤 상황이 발생했을 때 당신은 다음 문항 중 어떤 방법을 택하겠냐 하는 것이었다. 부하 직원이 지각을 밥 먹듯이 할 때, 백화점 직원이 불친절할 때, 심지어 쌀이 떨어졌을 때 등 여러 상황이 제시되었다. 상황을 예리하게 분석하여 서릿발 같은 판결을 내렸다. 당연히 "상식적이고 공정하다." 정도의 결과지를 받으리라 생각했다. 결과는 뜻밖에 "성격은 부드러우나 판단이 지극히 주관적이고, 게을러서 먹고살 일이 걱정됩니다." 라고 나왔다. 말도 되지 않는다며 씩 웃고 찢어 버렸다.

웃을 일이 아니었다. 이번 일의 결과를 손에 쥐고 성격 테스트 결과를 겹쳐보니 그게 틀린 말이 아니라는 것을 뒤늦게 깨달았다. 다행히 전생에 무슨 공을 세웠는지 먹고 사는 걱정은 않지만, 게을러서 일을 그르친 게 한둘이 아니었다. 혼자의 잣대로 사물을 보니 대중의 공감을 얻기는커녕 공무직 시험도 반을 겨우 맞추었다.

비록 시험은 낙방했지만 52점이라는 점수는 나를 다시 한번 되돌아보게 했고 겸손하게 만들었다. 결정 내리고 행동할 때마다 몇 번을 더 생각하게 되었다. 정년이 가까운 나이에 잠깐이나마 합격의 부푼 꿈도 꾸어봤으니 여한이 없다. 백점짜리 인생을 위해서는 모자란 48점을 채워야 한다. 그날을 위해 다시 인생의 책을 펼쳐본다.

파란 알약

 지갑을 잃어버렸다. 바지 뒷주머니와 차를 아무리 찾아봐도 없었다. 혹시 두고 왔나 하며 급히 돌아와 온 집을 뒤졌지만, 실망스럽게도 나오지 않았다. 어제 집으로 오는 길에 차 연료를 넣으면서 지갑에서 카드를 꺼냈던 기억이 생생했다. 다른 곳에 들르지 않고 바로 집에 왔으니 사라질 틈이 없었다. 그런데 없었다.

 걱정이 태산 같았다. 적지 않은 현금도 문제였지만, 진짜 문제는 운전면허증 밑에 끼워둔 비아그라 한 알이었다. 혹 누가 주워 주인을 찾아주려고 내용물을 확인하다 비아그라를 발견한다면 무슨 창피일까 안절부절못했다. 내가 없을 때 집에서 발견된다면 그래서 아내가 지갑을 뒤진다면 하는 생각을 할 땐 더욱 정신이 아찔했다.

 그 비아그라는 한의사인 친구가 준 것이었다. 지난주 아내와 한의원에 갔을 때 친구는 오리지널이라면서 문제의 파란 알약을 내밀었다. 바로 옆 커튼 너머에 아내가 침 꽂고 누워있는데도 친구는 장난인지 별문제 아니라고 생각하는지 오리지널이라는 소리를 한 번 더 했다.

아니나 다를까 돌아오는 길에 아내는 "무슨 오리지날?" 하며 나를 쳐다보았다. 친구에게 받은 순간부터 적당한 대답을 생각하고 중얼거리며 연습도 했지만, 내가 생각해도 말이 되지 않아 답하지 못했다. 어색한 시간이 흘렀다. 거짓말하거나 이실직고하더라도 한박자 늦어 모양새가 이상하게 되었다. 벌건 얼굴을 숨기려는데 아내는 "공진단?" 하며 내 얼굴을 살폈다. 그때처럼 아내가 예쁘게 보인 적이 없었다. 그제야 그거 말고 뭐 있겠냐는 듯 고개를 끄덕였다. 그런 사연이 있는 비아그라였다.

친구는 무슨 생각으로 오리지널이라는 보증까지 하면서 그걸 내게 주었을까. 나는 그런 것은 가족끼리는 쓰지 않는 거로 알고 있다. 그럼 친구는 날 보고 바람이라도 피우란 말인가. 친구는 그렇다 치더라도 나는 무슨 생각으로 지갑의 운전면허증 밑에 끼워 넣었을까. 언제 다가올지 모르는 상황에 대비하는 그야말로 유비무환의 정신으로 친구는 나에게 주었고 나는 감지덕지 지갑에 숨겼단 말인가.

친구는 이순을 눈앞에 두고 정력이 감퇴하였을 내가 안쓰러웠을까. 벌써 친구에게 내 건강을 맡긴 지 십 년이 넘었으니 일종의 처방일 수도 있으리라. 받을 때는 고마웠지만, 지갑을 잃어버리고

파란 알약

보니 친구가 쓸데없는 오지랖을 부렸다는 생각이 들었다. 찾게 되면 반드시 없애리라 다짐했다.

언제부턴가 모임의 상품으로 정력제가 등장했다. 특히 동기 송년회 상품에는 어김없이 의사 친구들이 찬조한 비아그라, 시알리스 등이 빠지지 않았다. 싱글 동기들에게 우선 배분하고 나머지는 추첨으로 나누어 갔다. 나도 몇 차례 받았지만, 옆자리 앉은 아내에게 압수당했다. 사실 나는 뇌출혈 경력이 있어 혈관확장제는 위험해서 사용할 수 없는 처지다.

지갑은 나타나지 않았다. 시간이 지나갈수록 더욱 초조해졌다. 문 두드리는 소리와 함께 경비아저씨가 "비아그라 아저씨 지갑 여기 있습니다."라고 할 것 같고, 방송 소리가 나면 "지갑에 비아그라 넣고 다니시는 분 아파트 관리실로 지갑 찾으러 오세요." 할 것 같아 가만히 앉아 있을 수가 없었다.

누군가 그 지갑을 주워 내용물을 확인한다면, 내 속을 들여다본 것처럼 나를 평가할 것이다. 지갑을 펼치면 사진이 붙은 운전면허증이 나올 테니 이목구비가 반듯하다는 건 쉽게 알 거다. 여느 지갑처럼 약간의 현금과 신용카드 몇 장 들었고 남다르게 공공도서관 도서 카드가 있어 책 읽는 사람으로 보일 테다. 그까지는 좋았는데 운전면허증을 따라 나오는 파란 알약을 보고는 어떤 생각 할까? 비아그라를 모르는 사람은 없을 테니 호색한, 색마, 바람둥이 등 상상할 수 있는 최대의 나쁜 사람으로 규정짓지 않겠는가.

지갑, 그중에 숨겨놓은 비아그라 한 알로 나라는 인간이 평가받는다면, 만약 내 삶이 고스란히 묻어 있는 서재가 압수수색 당하거나 뇌세포를 분석 당하여 내 인생이 적나라하게 드러난다면 어떻게 될까. 한 갑자 살아오면서 손가락질 받을 인생의 비아그라는 없을까 곰곰이 되돌아보았다.

공소시효는 지났지만, 어릴 때 막걸리 심부름하다 반 주전자 마시고 논두렁에 구른 일, 통학할 때 차비 안 내기, 주인 나오길 기다리며 과자 쓸쩍하기, 돼지저금통 털기 등 죄지은 일이 부지기수다. 자라면서 나 싫다는 여학생 따라다니기, 수업시간에 만화보기 등 죄질이 점점 무거워졌다. 그런 잘못들은 그러면서 자란다고 용서받을 수 있었다.

어른이 되어서는 부모님의 기대에 못 미쳐 죄를 지었고, 돈도 못 벌면서 돈 내는 감투를 좋아해 아내 속을 썩였다. 번듯한 타이틀이 없어 "너거 아부지 뭐 하시노?" 하며 물어대는 세상을 사는 아이들한테 면목이 없다. 소질을 계발하여 사회 발전에 기여해야 하건만 국가가 주는 각종 혜택만 누리고 있다.

머리는 잃어버린 지갑 아니 비아그라로 꽉 찼지만, 넋 놓고 있을 수만 없었다. 쥬스를 갈려고 냉장고에서 부추를 꺼냈다. 회사 뒤뜰에 심어 둔 부추가 며칠 내린 비에 부쩍 자랐다. 아내는 자기 전에 부추를 갈아 야쿠르트에 타서 마시곤 했다. 부추가 없어 한참 동안 거르는 것 같아 퇴근길에 가져와 냉장고에 넣어 두었다. 부추가 생각보다 무거워 봉지를 부어보니 부추와 함께 까만 지갑이 툭 떨어졌다. 어제 차에서 내리면서 부추 봉투에 지갑을 넣었던 모양이다.

막혔던 체증이 내려간 듯 속이 시원했다. 속으로 쾌재를 불렀다. 싸늘하게 식어있던 지갑도 주인을 만나니 반가운 듯 빙긋이 웃었다. 지갑을 벌려 운전면허증 밑으로 손가락을 넣으니 파란 알약이 부끄럽게 얼굴을 내밀었다. 무사히 내게로 돌아와서 다행이지만, 비아그라의 신세는 계륵이었다. 버린다고 다짐했지만, 그러자니 아깝고 가지고 있자니 명분이 없었다.

밤이 깊었는지 아내의 샤워 소리가 들렸다. 그 소리를 들으니 비아그라의 사용처가 떠올랐다. 그동안 아내에게 진 죄가 많은 데 화끈하게 갚아야겠다고 마음먹었다. 뇌출혈 병력 때문에 걱정은 되지만, 주치의가 준 건데 설마 무슨 일이야 생기야 하겠는가. 비아그라를 아내에게 사용하는 착한 남편이 되자고 결심했다. 눈 질끈 감고 입에 넣은 후 물을 마셨다. 알맹이가 목으로 가벼운 통증을 남기며 넘어갔다. 그랬더니 갑자기 신체 일부가 급속하게 팽창되는 느낌이 들었다. 부추 한잔 갈아들고 아내가 기다리는 방문을 힘차게 밀고 들어갔다.

선행先行

아내가 아침부터 수선을 떤다. 청소를 해야 한다며 덮고 있는 이불을 젖힌다. 눈을 비비며 사방을 둘러보니 벌써 문이라는 문은 다 열려 있다. 창문을 통해 차가운 겨울바람이 밀려들어 온다. 부모님이 오신다 했나, 작년에 돌아가신 장모님이 오시나 별생각을 다 하는데 뜻밖에도 청소 아줌마가 온단다.

같이 거실로 불려 나온 아들은 '까르르' 넘어간다. 청소 아줌마가 오는데 식구 수대로 불러내어 청소를 시키는 제 어미의 난데없는 처사에 폭소를 터뜨린다. 서울 있는 제 동생에게도 청소하는 모습을 찍어 보내며 오늘 우리 집에 누가 오는지 맞춰 보라 한다. 할아버지 할머니, 혹 방송 출연, 아니, 두 아들은 한참 동안 톡을 주고받는다. 아들은 '청소 아줌마'라는 답을 보내고는 배를 잡고 웃는다.

비싼 돈 주고 청소 아줌마를 부르는데 쓸고 닦는 간단한 일을 시킬 수 없다는 게 아내의 지론이다. 평소에 하기 힘 드는 후드 안쪽 기름때, 구석진 곳에 숨어있는 곰팡이 등을 제거하고 청소하는 데 시간을 쓰도록 해야 한다며 일장 연설을 한다. 아직 우리가 동의하지 않자 아이들 학원 보낼 때 얘기를 꺼낸다. 두 아들을 나름 성공적으로 키운 아내는 학원, 공부, 특히 대학 진학이 주제가 되는 얘기를 할 때는 평소보다 더 당당해진다.

없는 돈 쪼개어 영어 학원 보내는데 그냥 보내면 되겠냐며 말문을 연다. 간단한 알파벳은 집에서 가르쳐서 보내야 한다. 학원에서는 집에서 혼자 할 수 없는 것들을 배우도록 해야 한다. 세상 모든 일은 선행해서 나쁠 게 없다. 그래서 청소도 우리가 할 수 있는 건 미리 다 해야 한다고 결론짓는다.

아내의 억지에 두 손 들고 밀대질을 하는데 불현듯 옛일이 떠올라 그것도 선행이었나 웃음이 난다. 요즘은 집마다 보일러가 있어 매일 따뜻한 물로 샤워할 수 있다. 6~70년대에는 목욕은 추석, 설날을 앞둔 명절 대목에나 할 수 있었다. 청소 아줌마 오는 날 아침에 이 난리를 치듯, 목욕탕 가는 날 아침이면 웃지 못할 일이 벌어졌다. 어머니는 부엌 아궁이 앞에서 물을 데워 우리 형제의 알몸을 씻겼다. 선행목욕인 셈이다. 아버지가 그렇게 하지 않으면 데리고 가지 않겠다고 으름장을 놓았기 때문이다.

아버지의 심경도 모르는 바 아니다. 그 당시는 아들 손 잡고 목욕탕 가는 것이 사내들의 로망 중 으뜸이었다. 아버지는 두 아들을 양손에 잡고 의기양양하게 목욕탕 문을 열었다. 그 당당함이 민망함으로 바뀌는 데는 오 분이 채 걸리지 않았다. 벗은 형제를 본 아버지는 쥐구멍이라도 찾고 싶었다.

사람들은 연탄공장에서 왔느냐, 본전 뽑는 게 아니라 돈 벌어 가겠다는 둥 아버지를 더욱더 부끄럽게 만들었다. 아버지는 우리를 끌고 탕에 들어가려 했지만, 목욕탕 직원은 애들 좀 씻기고 탕에 넣으라며 물 위로 둥둥 떠다니는 부유물을 건지던 큰 잠자리채로 우리를 막았다.

대목이라 콩나물시루 같은 목욕탕에 우리 삼부자를 위해 비어 있는 자리는 없었다. 외진 구석에 자리 하나가 비었지만 재빠른 사람에게 양보해야 했다. 양손에 연탄 한 장씩을 든 아버지의 기동력으로는 쉽게 자리를 잡지 못했다. 빈자리가 나타나기를 기다리는 우리를 지나가는 사람마다 아래위로 훑어보았다. 슬쩍 올려본 아버지는 다시는 우리와 같이 오지 않겠다는 굳은 맹세를 하는 듯 비장함마저 감돌았다.

겨우 자리를 맡아 내가 동생을 씻겼고, 아버지는 등 뒤에서 나를 씻겼다. 동생은 쉽게 깨끗해지지 않았다. 때가 이끼처럼 자리를 잡았고 반짝반짝 광마저 나고 있었다. 나라고 다를 바 없었다. 밀려면 탕에 들어가 불려야 하는데 들어가려면 검은색이라도 지워야 하니 진퇴양난 그 자체였다. 설상가상 아버지가 근무하는 학교의 학생들이 꾸벅 인사를 하며 지나갔다. 아버지는 우리의 존재가 그 학생에게 들킬까 안절부절못하였다.

불리고 밀기를 거듭했지만, 맨살은 좀체 드러나지 않았다. 지우개 같다는 말이 왜 나왔는지 알 것 같았다. 아버지는 슈퍼맨이 아니었다. 나와 동생을 몇 번을 밀더니 힘에 부친 듯 길게 한숨을 내쉬었다. 말끔하게 목욕을 마치지 않았지만, 아버지의 체력이 고갈되어 목욕탕을 나올 수밖에 없었다.

그날 돌아와서 어머니의 손을 한 번 더 거쳐 목욕이 완성되었다. 이후로 아버지는 우리와 목욕탕에 갈 때는 꼭 검사했다. 어머니는 불합격되지 않도록 아침 일찍 우리를 씻겼다. 그 선행목욕은 내가 중학생이 되어 사타구니에 까만 털이 생길 때까지 계속되었다.

밀대질을 하다 그때 일을 생각하며 실실 웃으니 아내는 청소가 그렇게 웃기는 일이냐고 묻는다. 그런 아내를 보니 웃음이 더 나온다. 며느리가 시어머니 닮아 선행하는데 안 예쁠 수가 있나 하며 볼을 꼬집어본다. 아내는 아픈 시늉을 잠시 하더니 금세 눈을 동그랗게 뜨고 어머니는 언제 그랬냐며 묻는다. 대답하려니 집안의 흉이 다 드러날까 웃음으로 떼우고 만다.

학교이데아

21세기에 들어서 한류 문화가 지구촌 구석구석을 물들이고 있다. 드라마에서 출발하여 지금은 음악, 영화는 물론 음식도 지구촌에서 인기를 누리고 있다. 그 중심에는 신세대들이 있다. X세대, N세대를 거쳐 지금은 이름도 알지 못하게 빠르게 진화되고 있다. 꿈은 대통령, 목표는 S대 법대였던 세대는 물러나고 신세대들은 자신의 소질과 취미를 조기에 발견하여 꿈을 이루고 있다.

문제는 그러한 분야를 학교에서 감당하지 못한다는 데 있다. 학생들의 학교 교육의 필요성이 줄어들고 교습소, 학원 등으로 눈길을 돌렸다. 배움에서 학교가 차지하는 비중이 줄어들고 학생들의 인권을 헌법으로 보호하게 되자 선생님에 대한 존경심마저 점점 사라졌다. 도리어 이제는 갑이 되어 교권을 우롱한다.

서울, 경기, 광주 등에서는 학생 인권 조례를 제정하여 학생을 선생보다 귀한 몸으로 만들었다. 학생의 인권이 무시당해도 괜찮다는 말은 아니다. 학생의 상대는 교사이다. 교사의 인권은 어디 가고 없고 학생, 학부모는 갑이 되어 학교를 휘젓고 있다.

우리가 다른 나라와 달리 빠른 경제 성장과 문화 발전을 이룬 데에는 교육이 있었다. 어렵던 보릿고개 시절에 우리네 어머니들은 밥은 굶어도 자식 공부는 시켰다. 어쨌든지 선생님 말씀 잘 들으라고 신신당부하여 학교로 보냈다. 공부를 못하든지 장난을 쳐서 선생님께 회초리라도 맞으면 집에서 더 맞았다. 군수와 장군은 물론 깡패까지 자식의 담임 선생님 앞에서는 고개를 쳐들지 못했다. 그런 교육이 변했다.

큰아들은 교사 2년 차다. 작년에 이어 중학 2학년 담임을 맡고 있다. 수업 중에 한 학생이 난데없이 벌떡 일어나 사물함을 찼다. 지금 뭐 했냐고 물었더니 사물함 찼다고 대답했다. 왜 찼냐고 다시 물었더니 기분이 좆 같아서 찼다고 당당하게 대답하더란다. 그 소리 듣고도 어쩌지 못하는 게 지금 교육의 현주소이다. 아들은 교사를 때려치우고 싶은 마음이 목구멍까지 차올랐지만, 입술을 깨물며 삭이고 말았다고 했다.

밤 열 시가 넘어 오랜만에 가족들이 맥주 한 잔 하는데 아들에게 전화가 왔다. 아들은 받지 않고 꺼질 때까지 내버려 두었다. 몇 번 더 오자 마지못해 받았다. 전화 너머 술 취한 아줌마 목소리가 들려왔다. 폭행, 합의란 말이 섞여 들려왔다. 아들은 한참을 듣더니 알겠다 하고 끊었다. 급우끼리 다툼이 있어 애들끼리는 화해했는데 뒤늦게 안 피해자 모친이 경찰에 고발하겠다고 엄포를 놓는 것이었다. 그냥 고발하지 않고 담임에게 전화하는 이유는 달리 있었다. 가해자 측에서 합의금을 주면 고발하지 않겠으니 중재를 서라는 뜻이었다.

아들은 힘들어했다. 임용 시험에 합격하였을 때 훌륭한 스승이 되겠다고 한 다짐은 물거품이 된 지 오래고 후회와 안타까움이 컸다. 차라리 학원 강사를 하고 싶다는 말을 했다. 물론 해본 소리겠지만 얼마나 실망이 되었으면 그럴까 안쓰러웠다.

학생 인권이 헌법으로 보장된다면 당연히 교사 인권도 그렇게 되어야 한다. 있어서는 안 되는 일이지만 교실에서 교사와 학생이 몸싸움이 벌어져 같은 정도의 상처를 입었다면 어떻게 될까? 내 상식으로는 학생은 당연히 퇴학을 당하고 사회적으로도 격리되어 죗값을 치러야 한다. 교사도 합당한 대가를 치러야 하겠지만, 특별한 경우를 제외하고는 정당방위로 무혐의 처분을 받아야 한다고 생각한다. 안타깝지만 현실은 그 반대이다.

교실은 교사와 학생들의 공간이지만, 어디까지나 교사의 주도로 수업과 인성 지도가 이루어져야 한다. 그러기 위해서 교사에게 권위와 채찍을 주어야 하지만 오히려 학생이 난공불락의 성이다. 말을 듣지 않는다고 때릴 수도 나무랄 수도 없다. 교사가 무능하다는 소리 듣지 않으려고 학생에게 맞으면서도 그 사실을 숨긴다는 현실은 지금의 많은 것들을 생각하게 한다.

  요즘 자기 자식이 말을 듣지 않거나 말썽을 피우면 때려달라고 사랑의 매를 갖고 오는 학부모가 간혹 있다고 한다. 그들 입장에서는 학교와 교사의 행위가 업무 태만으로 보였을 것이다. 줄어드는 학생 수도 걱정이지만 제멋대로 크는 것은 더 걱정이다. 교사들의 명예와 권리는 더는 추락할 곳도 없다. 그런데도 학생과 학부모들이 가장 선호하는 직업이 교사라고 한다. 교사에게 대들고 함부로 하면서 교사가 되고 싶어 한다니 아이러니할 뿐이다.

  영국의 권위 있는 경제단체(CEBR)에서 우리나라가 2032년이 되면 세계 8위의 경제 대국이 될 것으로 예측했다. 이탈리아와 캐나다보다 앞선 순위다. 현대자동차가 일본 도요타보다 평균 임금은 높으나 1인당 생산 대수는 43%에 불과하다는 것을 알고 있는지, 문제를 일으킨 학생을 체벌한 교사가 학부모에게 무릎 꿇고 사죄하는 나라인 줄 알고 있는지 궁금하다.

  이 땅의 교육을 바로 세워야 한다. 교육하는 선생이 교육을 받는 학생의 눈치를 봐야 한다면 교육이 제대로 될 리 만무하다. 교사가 되면서 가졌던 초심이 정년까지 간직될 수 있도록 교사의 인권도 헌법으로 보장되는 환경을 만들어야 한다. 탈선한 대한민국 교육을 복구하는 일을 더는 늦추면 안 된다. 존경받는 선생님, 사랑스러운 제자라는 말이 우리 곁으로 하루빨리 돌아오길 바란다.

아버지의 바람

　　　　　　　　　　　　　　　　　　아버지는 행복한 분이시다. 자식이 부모를 향해 그렇게 말하면 되느냐고 하겠지만, 당신이 하도 자주 말씀하셔서 우리도 그렇다고 믿는다. 아버지 말씀을 빌리자면 연세가 여든일곱인 당신께서 지금 살아 있는 게 복이라고 하신다. 거기다 성균관 유도회 대구본부 자문위원회 회장으로 추대받아 대구 유림의 최고 어른이 되시니 더 바랄 게 없다고 하셨다.

　교직에 발을 들여 화랑교육원 연구사, 도교육청 기획감사실 장학사, 의성여고를 거쳐 안동고등 교장으로 정년퇴임을 하셨으니 누가 봐도 복을 누리셨다. 의성여고 재직 시에는 여섯 명의 농구팀이 전국대회서 준우승했다고 나라가 떠들썩했다. 신문에서는 연일 '우승보다 빛나는 준우승'이라고 대서특필했으며 교장 인터뷰가 사진과 함께 실렸다. 안동고등 교장으로 계실 때에는 축구팀이 전국대회에서 우승하여 일본까지 교류전을 다녀오셨다.

　퇴직 전에 수필로 등단하여 '청진 아재와 인절미'라는 수필집을 내셨고, 시조 시인, 시인인 동생들과 3형제 문집 '방앗간집 아이들'이라는 책을 2집까지 내셨다. 문학회 '영남수필'에서 활동 중이시며 몇 년 전에는 회장을 역임하셨다.

　꾸준히 향교에 출입하시더니 드디어 지난해 석전대제에서 유림을 대표하여 종헌관을 맡으셨다. 곡부 공씨 대구 종친회에서도 제일 큰 어른으로 대접받고 계시니 우리가 보아도 당신께서는 참으로 열심히 사셨다.

　아버지는 자식, 손자들도 당신이 걸어온 길을 따라오길 바라신다. 그게 맞는 길이라 여기신다. 큰딸은 아버지를 따라 교직에 들어섰다. 전공도 국어로 아버지와 같다. 아버지 뒤를 이어 도교육청 기획감사실 장학사를 거쳐 교장이 되었다. 막내아들도 교직으로 들어섰지만, 승진에 관심이 없어 아버지를 안타깝게 만들었다.

　몇 년 전 아버지의 손자인 내 아들이 교사가 되었다. 아버지는 큰딸처럼 성공한 교사로 만들고 싶으셨다. 조손은 세대가 달랐다. 이제는 교장이 교사들의 존경을 받지 못하고, 선망의 대상이 되지도 못한다. 젊은 교사들은 교장이 되기 위해 삼십 년을 일에 매달리기 싫어한다. 자기 시간을 가지며 가족과 즐겁게 지내고 싶어 한다. 아버지 시절에는 직장에 충실하기 위해 가정을 소홀하게 할 수 있었지만, 요즘 시대에 그러다간 남편, 아버지 대접받기 힘든 세상이 되었다.

아버지는 손자를 볼 때마다 꼭 교장이 되라고 하신다. 손자는 그런 할아버지를 피하고 싶어 한다. 그 모습이 안타까워 아들에게 "할아버지와 같이 있는 시간이 길지도 않는데 좀 들어주면 안 되느냐?"고 했다. 아들은 정색하고 자기 방식대로 의미 있게 살고 싶다고 했다. 나이 드신 할아버지가 손자 잘 되라고 하는 말을 귓등으로도 듣지 않으려는 아들이 야속했다. 얼마 후 나도 비슷한 처지에 놓이자 비로소 그 마음이 이해되었다.

종친회 정기총회를 마치고 돌아오는 차 안에서 아버지는 나에게 종친회장을 하라고 하셨다. 내가 편의점하고 환경공단에 근무하는 동안에는 별말씀 않으시다 올해 K대학교 직원으로 취직하자 기다렸다는 듯 말씀을 꺼내셨다. 향교에 나가야 하지 않겠냐는 말씀은 종종 하셨지만, 종친회장 일을 맡으라는 말씀은 처음이셨다.

생각도 않던 말씀에 어이가 없었다. 아들에게는 교장 되라는 할아버지 말씀을 잘 들어드리라 해놓고 정작 나는 종친회장 되라는 말씀에 정색하고 거절했다. 요즘 세상은 사람마다 이루고 싶은 게 다르다. 아버지는 교장, 종친회장을 하셨지만, 나는 그렇지 않다. 나는 직장, 글 모임, 동문회에 시간과 정열을 쏟고 싶다고 단호하게 말했다.

내가 너무 강하게 거부하자 아버지는 말문을 닫으셨다. 차 안의 침묵이 길어지자 어색해서 차창으로 보이는 벚꽃이 예쁘다고 했지만, 아버지는 "그러네." 한마디 하시고는 다시 입을 다무셨다.

며칠이 지났다. 섭섭해하시던 아버지가 염려되었다. 아직도 화가 풀리지 않으셨는지 궁금하여 전화를 드렸다. 뜻밖에도 아무 일 없다는 듯 평소처럼 반가워 해주셨다. "쉽게 포기하지 않으실 겁니다."하던 아들 말이 떠올랐다. 나를 종친회장 만들겠다는 걸 포기하니 마음이 편해지신 건지, 곧 종친회장 될 아들이라 대견해서 그러신지 종잡을 수 없었다.

시대가 변함에 따라 또 사람에 따라 꿈이 다르다는 걸 아버지가 알아주셨으면 한다. 개성과 적성이 존중받고, 다양성으로 맞고 틀림이 아닌 다름으로 받아들여야 서로 대화도 되고 정도 돈독해지는 세상이 되었다. 아버지와 나, 아들이 서로의 가치관을 인정해주는 날이 오기를 간절히 바란다.

망각

　　　　　　　　　　　　　　　　오늘 처음으로 고급 레스토랑에서 안심스테이크라는 걸 먹었다. 데이트할 때도, 그 많았던 기념일에도 먹어 보지 못한 음식이다. 아내가 회사에서 시상으로 받은 2장의 식사권 덕분이다. 어색했지만 우리는 격에 어울리게 의상도 갖추었고 행동도 평소와 다르게 품위가 있어 보이게 했다. 내 입맛에는 회덮밥 한 그릇 비벼 먹는 것보다 못했지만 분위기는 더 할 수 없이 만족스러웠다. 돈의 위력을 절감하면서 더부룩한 식사를 마쳤다.

　나갈 때 계산대에 선 아내가 당황하는 모습을 보였다. 분명히 있어야 할 식사권이 보이지 않는다고 했다. 그러더니 집에서 나올 때 빽을 바꿔 나왔다고 했다. 큰맘 먹고 산 명품빽을 오늘이다 싶어 들고 나온다고 그것을 두고 왔던 것이다. 어쩔 줄 몰라 하는 아내를 달래며 카드를 내밀었다. 찍혀 나온 숫자에 숨이 멎을 뻔했다.

그렇다고 나는 아내에게 불편한 내색을 하지 않았다.

지난주 사촌 처제가 시부상을 당했다. 우리는 예복을 갖추고 문상을 하러 갔다. 처숙부를 비롯해 많은 처가 식구들이 있었다. 와줘서 고맙다는 소리에 당연히 와야지 하며 상주인 사촌 동서를 위로했다. 아내는 다른 약속도 포기하고 같이 다녀와 준 나를 고마워했다. 돌아와 옷을 받아 걸던 아내의 미간이 갑자기 찡그려졌다. 양복주머니에 삐죽 드러난 봉투 때문이었다. 부조 봉투였다. 문상은 잘하고 부조는 전하지 않고 온 것이다. 그렇지만 아내는 나를 타박하지 않았다.

신혼 때 우리는 많이 싸웠다. 싸우는 숫자는 애정과 비례한다고 했던가. 싸우고 또 싸웠다. 그 당시는 내가 본가보다 처가에 소홀히 한다면서 서운해하며 울기도 하고 시비를 걸기도 했다. 귀가 시간이 늦으면 어디서 무엇을 하다 왔냐며 꼬치꼬치 따지곤 했다. 가끔은 잘난 친구 남편, 동서들과 비교하는 바람에 싸우기도 했다. 하지만 그때는 싸우더라도 하루를 넘지 않았다. 한 시간, 아니 십 분도 지나지 않아 서로 잘못했다며 안아주면 못이기는 척 풀어졌다.

세월이 흘러 오십을 넘어도 아직 애정이 식지 않아서 그런지 싸우는 횟수는 줄지 않았다. 그런데 레파토리는 많이 바뀌었다. 아이들 교육 문제로 몇 년 다투다 집안일, 금전 문제로 변했다. 하지만 요즘 대부분의 원인은 망각 때문이다.

나는 출근할 때마다 하나, 둘, 셋, 넷을 헤아린다. 휴대폰, 시계, 지갑, 차 열쇠를 잊지 않기 위해서이다. 자칫하면 그중 하나를 두고 나오기 일쑤다. 그러다 아내가 나가는 길에 세탁소갈 빨랫감이라도 주는 날이면 '하나, 둘, 셋, 넷' 중 하나를 두고 간다. 이 지경이니 다른 일들은 어떨지 말해 무엇할까.

아내가 주방 전구를 갈아달라고 하면 마무리하기까지 짧게는 이삼일, 길면 일주일 가량 걸린다. 퇴근할 때는 전구를 사야지 했지만, 막상 차에 오르면 아무 생각 없이 집으로 향한다. 아내 얼굴을 보는 순간 '아차! 전등' 하며 깜짝 놀란다. 그때마다 아내의 핀잔과 잔소리를 들어야 했고, 어쩌다 한마디 말대꾸하다가 밥도 못 얻어먹은 게 몇 번인지 모른다. 그러길 며칠 지나서야 주방은 본래의 밝기를 찾을 수 있다.

아내도 차만 타고 출발하려면 휴대폰 안 가져왔다고 다시 집 안으로 들어간다. 일과를 마치고 꼭 누우면 자기 전에 해야 할 일을 생각해 낸다. 거실 보일러 끄고, 세탁기 '삐' 소리 나면 빨래 널고, 휴대폰 충전하고 등 한둘이 아니다. 못 들은 척 이불속에 들어가면 또 한바탕하게 된다.

우리의 건망증은 이런 소소한 것부터 제삿날인 줄 모르고 외식 예약했다가 취소하기, 세탁소 옷 맡기고 다시 그 계절이 돌아와 옷장을 다 뒤지다가 찾으러 가기, 맛있다고 얻어온 김치통을 한 달 넘게 싣고 다니기 등 이루 헤아릴 수 없다.

그때마다 우리는 기선제압이라도 하려는 듯 상대에게 퍼부었고 당하는 사람도 주도권을 넘겨주지 않으려고 대들었다. 그런데 싸우는 것도 일이지만 화해가 더 문제였다. 나이를 먹어서 그런지 아무 일도 아닌 걸로 싸워도 화해하기가 쉽지 않다. 하루 이틀은 예사고 길게는 일주일 동안 말도 하지 않곤 한다. 이젠 화해의 뜻으로 살며시 안으려 해도 돌아눕고, 또 안을 마음도 생기지 않는다.

그래서 우리는 한 가지 약속을 했다. 깜빡 잊어서 벌어진 것은 너그럽게 서로 용서해 주기로 했다. 처음에는 욱하기도 했지만 몇 번의 과정을 거치며 익숙해졌다. 나이 먹어 그렇게 된 서로에게 연민의 정을 느끼게 되었다고 할까. 그래서 식사권을 두고 온 아내에게도, 부조를 전하지 않고 온 나에게도 서로 관대하게 대해 주었다.

그리고 나니 우리가 얼마나 괜한 일로 싸웠든가 알게 되었다. 나이를 먹으며 자연스럽게 생겨나는 건망증, 망각 때문에 필요 없이 얼마나 다투었던가. 그것들에 관대해지니까 싸울 일이 별로 없어졌다. 우리는 그렇게 하기를 잘했다고 생각했다.

망각은 우리를 불편하게 하지만 꼭 나쁜 것만은 아니다. 오늘도 아내는 팔 베개를 한 내 손을 꼭 잡아준다. 사업실패로 자신의 젊음과 바꾼 퇴직금을 날린 것도, 몇 번의 오해를 살만한 일을 저지른 것도 망각한 채.

4

요가실로 들어갈 때마다 '나의 각오'를 복창한다. "오늘도 아내는 나 때문에 실컷 웃겠지. 내가 아파야만 당신이 웃을 수 있다면, 그래서 종부의 부담과 일에서 오는 스트레스를 잠시나마 잊을 수 있다면, 내 한 몸 부서진들 어떠하리. 오늘도 한 시간 죽었다고 생각할 터이니 마음껏 웃으시오. 아픈 만큼 당신을 사랑합니다."

- 아픈 만큼 사랑합니다

- 둘이 사는 방법
- 술 한 잔, 차 한 잔
- 석수장이
- 아픈 만큼 사랑합니다
- 하얀 거짓말
- 뿔논병아리
- 어머니의 윷
- 다싯물 여사
- 세대주

둘이 사는 방법

아침에 일어나 보니 어제 지은 밥이 남아있다. 국도 찌개도 그대로다. 아내와 둘이 뜨는 둥 마는 둥 하고 만다.

"애들은 언제 온다 하더노?"

"떠난 지 며칠 되었다고 그래요? 아직 일주일도 더 남았어요."

나는 몇 숟갈 뜨지 않고 수저를 놓는다. 아내는 무슨 말을 하려다 그만 일어나 그릇을 주섬주섬 챙긴다.

나와 아내는 둘 다 대가족 가정에서 자랐다. 가족들과 살을 부딪치며 어린 시절을 보내왔다. 결혼해서 부모님과 같이 살았고, 분가해서는 장모님을 모셨다. 그래서 오늘처럼 두 명이 마주 보며 식사를 하는 것은 참으로 어색하다. 그래서 괜히 여행 떠난 두 아들을 핑계대며 밥을 남긴 것이다. 앞으로 둘이 살 시간이 많을 텐데 걱정이 된다.

결혼 초 우리가 어린 아들을 데리고 분가한 지 얼마 되지 않아 동생들도 출가했다. 부모님 두 분만이 본가에 남게 되었다. 그렇지 않아도 넓은 집이 더욱 황량하게 느껴졌다. 아내와 나는 주말이면 응당 부모님을 찾아뵈었다. 동생들에게 연락하여 같이 가기도 했지만 대부분 우리 식구가 갔다. 부모님을 모시고 가까운 유원지에 다니며 맛있는 음식도 먹었다. 어떤 때는 집에서 어머니가 해 주신 만둣국과 추어탕을 배부르게 먹고 오기도 했다.

시간이 흐를수록 더 재미있는 것들이 눈에 띄기 시작했다. 어린 아들을 데리고 놀이공원에 가고 싶고, 친구 부부와 일박이일로 여행도 떠나고 싶어졌다. 부득이 못 갈 날도 있었지만, 핑계를 대며 가지 않기도 했다. 점점 가는 날보다 가지 않는 날이 많아졌다. 부모님 두 분이 계시는 날이 늘어 갔다.

세월이 흘러 아버지가 팔순을 바라보자 부모님을 경산의 아파트로 모시고 우리가 부모님의 주택으로 들어갔다. 숙부, 고모와 우리 사남매가 부지런히 부모님께 들리며 외롭지 않게 했다. 하지만 그건 우리 생각이었다. 글을 쓰시는 아버님이 발표하시는 작품 속에는 항상 외로운 노부부가 그려져 있었다. '주말이 되어도 큰놈은 못 온다고 전화 왔고, 둘째는 전화도 없고, 딸네들은 기대하지도 않는다.' 하시며 '이제 둘이 사는 방법을 찾고 있다.'고 쓰셨다.

여느 집 자식들보다 자주 찾아본다고 자부해 온 우리 부부는 의외였고 섭섭했다. 하지만 돌이켜 생각해 보니 우리가 찾아간 건 한

달에 두어 번밖에 되지 않았다. 물론 다른 가족들의 방문을 합하면 더 되겠지만 그런들 몇 번 되겠는가. 우리들은 자주 들른다고 해도 노부부에게 대부분의 시간은 기다리는 시간, 외롭고 쓸쓸한 시간이었던 모양이다.

더 자주 찾아뵈어야 하겠다는 생각을 하면서 한편으로는 이제 우리도 둘이 사는 방법을 연구해야 할 때가 왔음을 깨달았다. 좀 이르긴 하지만 받아들여야 할 것 같았다. 더욱이 우리는 아들 둘뿐이니 부모님이 겪고 있는 쓸쓸함보다 클 것이다. 남은 인생을 딸보다 잔정 없고 재미도 덜 하다는 아들만 바라보며 외롭게 보낼 수 없지 않은가.

둘이 마주 앉아 '둘이 사는 방법'을 의논한다. 나는 아내에게 "잔소리 좀 하지 마라" 하고, 아내는 나에게 "삐치지 말라" 한다. 그 말이 끝나자마자 아내는 당신 위해서 한마디 했는데, 그게 잔소리로 들렸느냐며 말허리를 비틀고, 나는 또 잔소리하느냐면서 말문을 닫고 돌아앉는다. 그러다가 곧 이래서는 안 된다며 다시 머리를 맞댄다.

'둘이 사는 방법'은 많은 착오와 수정을 거쳐야 하겠지만, 이렇게라도 생각해 보니 하지 않은 것보단 마음이 편하다. 아버지가 할아버지를 모셨지만, 내가 그러지 않는 것처럼 우리도 자식들에게 노년의 위안을 기대할 수 없다. 아마 그들은 지금 우리가 부모님께 하는 것보다 더 무관심하게 대할지 모른다. 결국 둘이 잘사는 방법을 찾는 길밖에는 달리 방법이 없다.

  다행히 우리는 둘 다 골프를 배워 남들과 어울릴 정도는 된다. 또 등산을 좋아하여 전국의 명산을 찾아 다닌다. 이제는 다니는 산 높이가 낮아지고 가는 횟수도 줄었지만, 계절이 바뀌게 그냥 두지는 않는다. 아내와는 공동의 취미도 있고, 함께 즐길 친구들도 많다. 평생 그럴 수 있도록 살림도 모으고, 건강도 지키자고 다짐한다.

술 한 잔, 차 한 잔

이순이 코앞이다.
그런데도 나는 아내 눈치를 보며 산다. 내가 잘못 살고 있는 건 아닌지 주위 친구들에게 물어보았더니 학창시절 짱이었던 친구도, 서문시장의 돈을 혼자 다 번다는 친구도 마찬가지라 한다.

나름대로 저항을 해본 적이 있다. 군에 간 아들 면회 갈 때였다. 부모가 가면 외박이 된다 해서 부대 근처에서 일박하기로 마음먹었다. 아들을 태워야 하니 네 명만 타고 가야했다. 난 부모님과 우리 부부가 타고 가는 게 옳다고 했고, 아내는 아들이 친구들을 보고 싶다하니 친구 둘을 태워가자고 우겼다. 삼 일 동안 밀고 당기다가 아내의 승리로 끝났다. 그렇게 다툴 때마다 아내는 부수적으로 전리품을 챙겼다. 빨래 널기만 하면 되는 나는 그날부터 개는 것까지 맡게 되었다.

한번은 식탁의 물기를 닦는다고 휴지를 달라 했다. 두 장이 필요하다했지만 내가 보기에 부족할 것 같아 세 장을 빼주었다. 그러자 눈을 흘기며 한 장을 내게 던지고는 두 장으로 힘들게 닦아냈다. 순간 휴지를 아내에게 확 던지고 싶었지만 얌전히 봉에 다시 밀어 넣었다.

아내는 항상 외출에서 돌아오면 나의 말과 행동을 복기했다. "그 말은 심했고, 그건 당신이 해야 했는데 왜 가만히 앉아 있었냐?"는 둥 어린애 나무라듯 했다. 그래도 나는 고개를 끄덕이고 만다.

아내는 곧잘 내게 묻는다. 대부분은 질문이나 의논이 아니라 일방적 통보다. 요리하다 "간장 좀 넣을까요?"라는 말은 넣겠다는 뜻이고 "오후에 어른들 뵈러 갈까요?"하는 말은 갈 테니 준비하라는 뜻이다. 그래서 질문이지만 나는 그냥 고개를 끄덕이고 만다.

하지만 오히려 그런 질문은 고맙다. 대답을 해야 하는 질문은 나를 곤혹스럽게 만든다. 무슨 대답을 해도 잔소리가 나올 것이 뻔하기 때문이다. 치마를 입고 "너무 짧지 않느냐?"고 물을 때 짧다면 요즘 유행에 너무 둔감하다고 할 것이고, 괜찮다면 자신에게 너무 관심 없는 것 아니냐고 도끼눈을 뜰게 뻔하다. 대답 한마디에 집안 분위기가 달려있다. 마치 국어시험을 보는 기분이다. 위기에서 벗어날 수 있는 적당한 말을 찾기 위해 입안으로 몇 번을 연습해보고는 "멋있네. 당신은 다리가 예뻐서 잘 어울려. 좀 짧은 듯해도 당신이 입으니 세련미가 돋보이네. 대신 좀 조심해서 입어야겠네." 내가 제대로 답한 건가 아내의 얼굴을 빤히 쳐다본다. 배시시 웃으면 무사히 넘어 간 것이고 잔소리가 나오면 불합격이다. 미소가 살짝 스친다. "그러죠." 하면서 그냥 입고 나간 걸 보면 내 대답이 마음에 든 것이다.

오늘 하루는 내가 아내의 마음에 들었을까. 그 답은 이따금 하루 일과가 끝날 무렵 판결이 내려진다. 과연 어떤 판가름이 날까? 차 한 잔이 우리 사이에 놓여진다면 잔소리를 지겹게 들어야 한다. 대신 술 한 잔이 준비되었다면 내 눈치작전이 제대로 먹힌 것이다.

차 한 잔이 놓인 날, 아내는 하나하나 마음에 들지 않은 일들을 늘어놓는다. 결혼하고부터 내가 잘못한 일이 어디 한두 가지인가. 일사부재리의 원칙도 없다. 고향 과수원 판 돈을 사기당한 일은 몇 번째 도마에 오르는지 모를 정도다. 내가 비집고 들어갈 틈도 없이 쏘아댄다. 나름 반박도 해보지만 결국은 꼬리를 내릴 수밖에 없다. 나열된 전과로 무장해제 되어버린 나의 변명은 추임새 역할 밖에 하질 못한다. 앞에 앉은 아내는 근접할 수 없는 큰 산이다.

간혹 술상이 차려질 때도 있다. 그럴 때면 내가 뭐 잘한 게 있나 싶어 의기양양하게 마주앉는다. 따라주는 술을 기분 좋게 마시며 무슨 칭찬이라도 하려나 하며 귀를 기울인다. 하지만 아내의 입에서 내가 잘했다는 말은 좀처럼 나오지 않는다. 술상은 대개가 낮에 들은 뜻밖의 얘기들 덕분이다. 누구 남편이 몰래 집 잡혀서 주식을 샀다가 날려버렸다는 얘기, 가정적이던 남편이 감쪽같이 두 살림 했다는 얘기들이다. 그런 남편들보다는 내가 낫다는 생각에 술상을 보는 것 같다. 그럴 능력도 재주도 없는 내가 잘 살고 있다는 건지 괜히 씁쓸해진다. 술 맛은 달지도 쓰지도 않은 게 껄쩍지근하다.

하루는 마주앉은 아내도 한 잔 마셨다. 또 한 잔, 두 잔이 들어가자 아내는 평소와는 달라져 있었다. 취기가 오르자 볼은 발그레해지고 눈꼬리가 살짝 감기며 애교를 떨었다. 아내는 큰 산도 아니고 꼬치꼬치 따지고 들던 검사도 아닌 주막의 주모가 되었다. "한 잔 더 드세요." 하면서 안주를 입에 넣어주는데 주모라면 매상을 올리려고 손님에게 갖은 아양을 떤다지만 아내는 왜 그랬을까?

아내도 그렇게 살고 싶지 않는 것 같다. 혀 꼬인 목소리로 남편이 벌어다 주는 돈으로 내조만 하며 살면 좋겠고, 남편을 존경하고 사랑받으며 한평생 보내고 싶다며 털어 놓는다. 하지만 물러터진 남편과 함께 살려니 항상 긴장을 늦추지 말아야했다. 내가 뇌졸중으로 쓰러졌을 때 주위의 모든 원망을 혼자 다 덮어 쓰고 보니 더욱 독하게 할 수 밖에 없었다.

두 잔의 막걸리는 아내가 지고 있던 모든 굴레를 내려놓게 했다. 남편의 사랑을 간절히 애걸하는 여느 아낙일 뿐이었다. 내가 무슨 말을 해도 깔깔 웃었다. 바라보다 못해 곁으로 와서 팔을 끼고 머리를 기댔다. 무슨 말을 해도 다 들어줄 모양새였다. 자주 오지 않는 기회를 놓칠 수 없었다. 그때만큼은 이집의 가장이요, 지엄한 남편인 것을 실컷 누리고 싶었다.

하지만 아내의 얼굴을 보고는 마음이 변했다. 하루하루를 긴장

속에서 살다가 오랜만에 모든 걸 내려놓고 행복에 겨워하고 있었다. 아내의 기분을 지켜주고 싶었다. 평소보다 더 아내가 좋아할 얘기만 늘어놓았다. "편찮은 장모님께 더 잘할게. 세상에 나에겐 당신밖에 없어. 돈 많이 벌어 명품가방 사줄게." 아내는 고개를 끄덕이며 새끼손가락을 내밀었다. "진짜죠? 당신 믿어요." 하면서 웃으면서 좋아했다. "그럼. 조금만 기다려." 하면서 내민 손가락을 꼭 걸어주었다.

결국 아내는 마시던 세 번째 잔을 밀치고는 얼굴을 대고 잠들어 버렸다. 아내를 자리에 누이고 머리카락을 넘기며 찬찬히 얼굴을 살펴보았다. 장모님에게 명품가방을 자랑하는 듯한 모습이었다. 막걸리 두 잔이면 이렇게 세상을 다 얻은 것처럼 행복해하는데 그것을 자주 하지 못하는 내가 미웠다.

요즘은 아내도 세상사는 것에 달관했는지 차 한 잔보다는 술 한 잔을 자주 차린다. 남편이 잔소리에 바뀌는 것도 한계가 있음을 깨달았고, 한 번씩 마셔보는 막걸리 맛에 인생의 재미를 느낀 듯하다.

남자가 사는 데 세 여자 말만 잘 들으면 별 탈 없다고 한다. 그 중 으뜸은 당연히 아내이다. 아내가 다 맞는 말만 하는 것은 아닐지라도 이제 이설 없이 받아들이기로 마음먹는다. 그래야 술 한 잔 하는 날이 더 많아지지 않겠는가.

석수장이

 석수장이라는 동화가 있다. 내리쬐는 태양 아래서 온종일 일만 하던 석수장이는 임금이 되었다가 다시 태양이 부러워 태양이 되었다가, 태양을 가리는 구름, 구름을 밀어내는 바람, 바람도 어쩌지 못하는 큰 산의 바위가 되어본다. 그때 누가 자신의 속을 두드리며 속을 후벼 파는 것이 보였다. 돌고 돌아 바로 자신의 첫 모습 석수장이였다. 세상 별것 없고 자신의 것들을 사랑하라는 교훈을 주는 동화이다.

 "나를요!"

 K씨의 말에 깜짝 놀라 나도 모르게 소리를 질렀다. 내가 자신의 롤 모델이라고 했다. 한술 더 떠 그의 아내도 나의 아내가 삶의 목표라고 했다.

 K씨는 큰 공장을 두 개나 경영하며 누구나 부러워하는 고급 아파트에 산다. 우리가 넘볼 수도 없는 1% 인생을 살고 있다. 부러워

할 게 없을 것 같은 K씨 부부가 그런 말을 하니 우리는 놀라면서도 의아해졌다.

결혼하고 첫 친정 길을 나선 아내는 승용차 있는 집을 부러워했다. 설 명절이라 한복을 입고 만원 버스를 탔으니 그럴 만도 했다. 차창 너머 승용차를 타고 나들이 가는 사람들이 부러운 건 당연했으리라.

우리는 생각보다 빨리 작은 승용차를 장만했다. 숙부가 새 차를 사면서 물려줬다. 당시 최저가 차였고, 차체만 높다란 P라는 차였다. 기뻤지만 어느 주차장에 가도 초라한 차였다. 차에서 내리는 아내가 부끄러워하는 것 같아 "우리 차가 제일 높네." 하며 너스레를 떨곤 했다. 나란히 주차된 세단이 부러운 건 아내나 나나 마찬가지였다. 훗날 중고자동차상사를 경영하면서 백대도 넘는 차를 소유하게 되어 원을 풀었다.

첫 아들이 걸음마를 시작하자 교육을 어떻게 시작해야 하나 고민이 생겼다. 마침 우리와 비슷한 나이의 아들을 둔 친구가 있었다. 그 친구 부부는 아이 교육에 유별나다고 소문이 나 있었다. 돌을 갓 지난 아이 방에 당시 유행했던 장난감이 가득했다. 실물 크기의 책상, 자동차 심지어 구구단과 알파벳이 적힌 칠판이 한쪽 벽을 차지했다. 맞은편 구석에는 전자제품 박스로 집을 만들어 아이가 드나들게 했다.

우리는 몇몇 친구들과 그들 부부를 보고 배우자며 여러 번 그 집

석수장이 **159**

을 다녀왔다. 우리말도 제대로 못하는 아이를 억지로 책상에 앉히고 칠판에 영어단어를 적어 보이면서 읽히고 있었다. 친구들은 그렇게까지 할 필요 있냐고 했지만, 여자들은 부러워했다.

아내는 선도 안 본다는 셋째 딸이다. 큰언니가 결혼하고 재미있게 사는 모습을 선망하다 시집을 왔다. 나의 손윗동서는 아내가 보기에는 너무나 완벽한 사람이었다. "형부는……"으로 시작하는 말이 나를 주눅 들게 했다. 그 말은 온종일 나를 따라다녔다. 아침에 일어나면 "형부는 이불도 개어 주는데……" 하는 말로 시작하여 "형부는 시장도 봐주는데……", "형부는 자기 전에 팔다리도 주물러 주는데……"라는 말을 듣고 잠들었다. 견디다 못해 "형부하고 살지. 왜 내게 시집왔노?"하고 역정을 내기도 했다. 아내는 동서 같은 남편을 부러워했다.

결혼생활이 이십 년이 지날 무렵이었다. 둘째까지 무사히 대학에 입학하고 며칠 지났을 때 아내와 찻잔을 사이에 두고 마주 앉았다. 아내는 고맙다고 했다. 아이들 좋은 대학 입학한 게 반은 내 덕이라고 했다. 내가 한 거라곤 애들 실어 나르고 억지로 아침 먹여 보낸 것뿐이었는데 생각도 않은 치사에 어안이 벙벙했다.

친구 부부의 조기교육에도 불구하고 그 아이는 중, 고등학교에 진학하자 별 두각을 나타내지 못했고, 동서의 빈틈없는 생활방식 때문에 처형이 가끔 힘들어한다고도 했다. 아내는 아무리 봐도 나만 한 남편은 없다며 고백 같은 말을 했다. 나는 아내에게 경제적으로 힘이 되어주지 못한 게 미안했다. 앞으로 더 잘 할게 하며 고개를 숙이는 데 아내가 손을 잡았다.

사업실패도 경험했고, 큰 병도 지나갔지만 우리는 그런대로 열심히 살았다. 나는 편의점을 운영하면서 아내의 보험 일을 틈나는 대로 도왔다. 아이들도 학교에서, 군에서 잘 적응했다. 먹고 살기는 별걱정이 없지만 아이들 혼사를 앞두고 우리들이 하는 일이 마음에 걸렸다. 아버지는 편의점하고 어머니는 보험한다면 누가 좋아하겠냐며 걱정했다. 더 품격 있고 번듯한 일을 찾으려 다녔다.

큰 프랜차이즈 사업하는 친구도 만나보고, 전복요리점도 방문하여 상담해 봤지만 결정하기 힘들었다. 독서실도 알아보고 이곳, 저곳 다른 상가도 알아봤지만 마땅한 게 없었다. 보기와 다른 엄청난 투자금과 힘든 속사정을 듣고는 엄두를 못냈다. 옛말처럼 물 좋고 정자 좋은 곳은 없었다. 좋은 직장, 그럴듯한 장사를 하는 사람들이 부러웠다. 큰 사업을 하는 K씨도 우리 부부의 부러움 대상이었다.

K씨 부부는 운동하면서 만났다. 우리처럼 부부가 같이 운동하고 집도 가까워 술 한 잔씩 하면서 친해졌다. 그런 K씨 부부가 우리를 롤 모델이라니 놀랄 일이다. 뭐가 부족해서 우리가 부러우냐고 물어봤다. 몸매라고 했다. 우리는 웃음을 참지 못하고 큰소리로 웃었다. 겨우 몸매 때문이냐고 물었다. K씨가 정색했다. "도현씨는 몸매가 괜찮으니까 그런 말을 하는데 우리 같은 사람은 심각합

니다." 하며 눈을 부라렸다.

사실은 우리 부부도 체중 때문에 걱정이다. 나는 과체중과 비만 사이를 오르내리고 아내도 늘어나는 체중 때문에 지금도 다이어트를 한다. 그런 우리 부부의 몸매를 롤 모델로 삼고 열심히 운동하고 있다니, 남이 보면 오십 보 백 보일 텐데.

"살이 좀 있으면 어떻습니까? 우리는 하는 일이 시원찮아 걱정입니다." 아내가 거들자 K씨가 또다시 정색을 하고 말했다. "그런 말 마세요. 도현씨 하는 일이 어떻다는 겁니까. 딱 맞는 몸매에, 대궐 같은 집에, 가게 있지, 두 부부가 돈 잘 벌지 뭐가 문젭니까. 공만 좀 잘 맞으면 걱정거리 없는 집이구마는." 하며 껄껄 웃었다.

집으로 돌아오면서 아내의 손을 잡았다. 우리가 몸매 좋다고 자랑할 필요도 없지만, 굳이 직업을 수치스러워할 필요 없다. 그저 물 흐르듯 자연스럽게 살아가면 되는 것이라 말했다. 아내는 자랑할 거리도 안 되는 나의 몸매를 아래위로 한번 훑어보며 씩 웃었다. 있으면 있는 거고, 없으면 없는 대로 그냥 살자면서 잡은 손에 힘을 주었다.

아픈 만큼 사랑합니다

다리가 잡히지 않았다. 배를 깔고 누워 아무리 다리를 잡아 보려 했지만 헛수고였다. 그 모습이 보기에 딱했던지 강사가 다가와서 다리를 잡아 손에 닿게 해주었다. 차라리 잡으려 애쓸 때가 좋았다. 다리를 잡는 순간부터 고통은 더욱 심해지고 호흡이 가빠졌다. "올리고", "내리고" 하는 구령에 자세가 달라져야 하건만 얼굴 색깔만 붉으락푸르락 변했다. "바로" 소리에 바닥에 딱 붙어 숨소리도 내지 못했다. 모래사장에 물을 부은 것처럼 바닥으로 내 몸이 스며드는 듯했다.

몇 달 전 아내가 요가를 같이 하지 않겠냐고 물었다. 모 방송국 문화센터에서 일주일에 두 번 하는데 참 좋다고 했다. 뭐가 좋으냐고 묻자 몸도 유연해지고 그곳에서 운동하면 따로 다른 운동을 하지 않아도 된다며 같이 가자고 졸랐다. 아내는 몇 년 전에도 그곳에서 요가를 배운 적이 있었다. 일 때문에 빠지고, 모임 있어 못 가고 해서 절반도 출석을 못했다. 나와 함께 다니면 한 번이라도 더 가겠지 하는 요량으로 미리 내 것까지 등록해 두었다.

처음 아내를 따라가는 날이었다. 여자 수십 명에 남자는 나 혼자였다. 들어가는 순간 수십 개의 눈동자가 나에게 쏠렸다. 편하게 앉아있던 여자들이 자세를 고치며 신기한 듯 쳐다보았다. '어쩌다 끌려왔을까?', '얼마나 하려나?' 하는 눈치였다.

강사가 시작을 알렸다. "차렷", "발을 모아 붙이고"하고 구령하는 강사는 내가 상상해온 요가 강사와는 완전히 딴판이었다. 나이는 요가실 안에서 제일 많고, 키는 작달막하며 완벽한 'O' 다리였다. 이효리까지 바라고 온 것은 아니었지만 실망감이 적지 않았다.

친구들은 내가 요가를 배운다고 하자 눈 호강하러 다니느냐며 놀려댔다. 그럴만한 몸매를 가진 여자들은 에어로빅이나 나이트 댄스반에 있고, 요가는 몸의 이상을 느낀 중년 여성이 대부분이라고 말했다. 설령 있다 한들 호랑이 같은 마누라가 바로 옆에서 두 눈을 부릅뜨고 있는데 어떻게 한눈을 팔 수 있겠느냐고 손사래를 쳤다.

그동안 아내는 종부로서 해야 할 일은 점점 많아지고, 돈 버는 재주가 시원찮은 남편을 도와 돈벌이까지 하려니 정신적 피로도가 나날이 심해졌다. 은행 다니다 지금은 화재보험 영업으로 가계를 맡고 있다. 보험 일이 자신이 계획한 대로 되는 것도 아니고 항상 을의 위치에서 사람을 만나다 보니 쌓이는 건 스트레스뿐이다.

그런 아내가 모든 걸 잊고 마음껏 웃는 때가 바로 요가 시간이다. 내가 굳은 몸을 억지로 비틀고, 잡고, 끙끙대면 그 모습이 그렇게도 재미가 있는지 요가 수업 시작부터 끝날 때까지 웃음을 참지 못한다. 나는 요가가 고문당하는 만큼 힘들다. 몸을 뒤로 젖혀 머리를 땅에 닿는 동작을 할 때는 생명의 위협마저 느낀다. 더욱이 저녁 식사 후인지라 되지도 않는 동작을 억지로 한다고 몸을 비틀며 용을 쓰면 한 번씩 비집고 나오려는 내부 갈등의 분출을 참는 게 어찌나 힘든지 식은땀이 흐른다. 내가 힘들어하고, 괴로워할수록 아내는 재미있어 웃음을 참느라 얼굴을 벌겋게 붉힌다.

힘들어 죽겠는데 그렇게 웃을 수 있냐고 따지자 생활이 고달파 내가 미워졌는데 힘들어 끙끙대는 모습을 보면 고소하기도, 불쌍하기도 해서 미운 마음이 조금씩 사라진다며 다시 웃었다. 그게 무슨 웃을 이유가 되느냐고 다그치자 나 같은 몸치는 첨 봤다며 나의 몸개그에 혼자 웃는 게 아니라 다른 사람들도 소리 죽여 웃는다며 남은 웃음을 마저 뱉어내었다.

이제 요가를 시작한 지 몇 달이 지났다. 몸의 유연성이 좋아지지도 않았고 체중도 줄기는커녕 적당한 운동으로 밥맛이 좋아져 오히려 는 듯하다. 일주일에 두 번 하는 수업을 반도 더 빼먹었으니 효과를 기대하기는 애당초 무리였다. 뻣뻣한 몸을 굴려 아내를 즐겁게 해주는 거로 만족한다.

요가실로 들어갈 때마다 '나의 각오'를 복창한다. "오늘도 아내는 나 때문에 실컷 웃겠지. 내가 아파야만 당신이 웃을 수 있다면, 그래서 종부의 부담과 일에서 오는 스트레스를 잠시나마 잊을 수 있다면, 내 한 몸 부서진들 어떠하리. 오늘도 한 시간 죽었다고 생각할 터이니 마음껏 웃으시오. 아픈 만큼 당신을 사랑합니다." 각오까지 하면서 요가를 하는 내 심정을 아는지 모르는지 아내는 벌써 웃을 기대에 양 볼이 한껏 부풀어 있다.

하얀 거짓말

어릴 때 부모님에게 거짓말을 하다 들킨 적이 있었다. 야단을 맞으면서도 풀리지 않는 수수께끼가 어떻게 아셨을까였다. 부모님은 도저히 알 수가 없는 일이었다. 그때 무슨 거짓말을 했는지 정확히 기억나지 않지만, 아버지는 내가 거짓말을 하면 얼굴에 표시가 난다고 하시며 다시는 하지 말라고 하셨다. 그 이후는 아직껏 "맛있다.", "예쁘다." 말고는 거짓말을 하지 않았다.

올해는 집안 뜰에 호박을 심은 지 한참이 되었건만 오랜 가뭄에 꽃이 피는 듯하다가 떨어지기만 해서 결실을 보지 못했다. 그러다 지난 비에 알을 맺더니 제법 굵어졌다. 주먹만 할 때를 기다려 호박을 땄다. 호박잎도 따서 아내와 함께 부모님을 뵈러 갔다.

부모님은 사십 년 사시던 집을 우리에게 넘겨주시고 경산으로 옮겼다. 집에서 벌어지는 모든 게 궁금해하셨다. 꽃이 피면 피는 대로 열매가 맺히면 맺히는 대로 아내가 사진을 찍어 보냈다. 간혹 부모님이 우리 집으로 오실 때도 있지만 주로 우리가 들렀다. 오늘은 농사지은 것을 가지고 갔으니 할 얘기도 더 많을 것 같았다. 가면서 아내에게 올해 처음 딴 호박이라고 말씀드리자고 했다. 사실은 며칠 전에 첫 수확을 했고, 그건 우리가 맛있게 전을 부쳐 먹었다.

어머니는 호박을 보자 활짝 웃으신다. 호박잎을 보더니 벌써 이렇게 자랐느냐고 대견해 하신다. 아내는 올해 첫 호박을 보자 어머님이 생각나서 바로 달려왔다고 호들갑을 떨고 어머니는 그랬냐며 흡족해하신다. 우리는 거짓말을 하면서 조금은 쇠송한 마음이 들지만, 어머니가 좋아하시는 모습을 보자 잘했다는 생각이 든다. 아버지도 그래야지 하시면서 기특해하신다. 부모님은 첫 수확을 진상하러 온 자식이 대견하리라. 그것이 거짓말이라는 것도 모르시면서 마냥 흐뭇해하시는 아버지를 보면서 오래전에 했던 또 다른 거짓말이 떠오른다.

결혼하자 아버지는 고향 과수원을 팔아 큰돈을 주셨다. 분가하든지 사업자금으로 쓰든지 알아서 하라셨다. 우리는 같이 살고 싶다고 하면서 그 돈은 내 장사 밑천으로 쓰겠다고 말씀드렸다.

내가 돈을 가지고 있다는 걸 알고 B라는 사람이 접근했다. 농산물시장에서 장사하며 잘 알고 지내던 사람이었다. 자기 조카가 서울에서 건물을 짓는데 투자하면 높은 이자를 주고 원금도 달라면 언제든지 준다며 유혹했다. 몇 달은 이자를 잘 주더니, 장사철이 되어 돈을 돌려 달라고 하자 그때부터 연락이 되지 않았다. 들려오는 얘기로는 B도 이리저리 돈을 모아 조카에게 많은 돈을 투자했다가 못 받고 빚쟁이들에게 쫓겨 다닌다고 했다.

하늘이 무너지는 것 같았다. 내 전 재산이자 고향 과수원을 판 돈인데 그걸 못 받게 되다니 밤잠을 이룰 수 없었다. B의 집 앞에서 밤도 새워보았지만 만날 수가 없었다. 무작정 지리산 자락에 있는 B의 고향 집으로 갔다. 마늘 사러 다닐 때 같이 들러본 적이 있었다. 안면이 있던 B의 형수가 몇 번을 망설이더니 뒷산 암자에 가 보라고며 나직이 말했다.

스님이 가르킨 모퉁이를 돌아 얼마 가지 않으니 B가 벌통을 손보고 있었다. 땀을 닦던 B가 나를 보았다. 움칫 놀라더니 어색한 웃음을 지으며 "용케 잘 찾아왔네."라고 말하며 손을 내밀었다. 얼떨결에 그의 손을 잡았다. 몇 달 사이에 몰골은 형편이 없이 야위어 있었다.

시원한 물에 막 뜬 꿀을 태워주었다. B는 미안하다는 말을 먼저 했다. 자기도 조카가 삼촌에게 사기 칠 줄 몰랐다며 고개를 숙였다. 그의 몰골과 삶을 포기한 듯한 눈빛에 돈을 받기는 힘들다는 걸 느꼈다. 가슴은 답답해져 오고 부모님, 아내의 얼굴이 스쳐갔다. 눈물이 핑 돌았다. 돌아오는데 꿀을 보자기에 싸 주었다. 지리산 토종꿀은 알아준다며 부모님께 드리라고 했다. 고향 과수원을 몇 달만에 꿀 한 되와 맞바꾸었으니 허망하기가 이를 데 없었다.

  꿀을 들고 집에 돌아오자 아내는 웬 꿀이냐며 얼굴에 화색이 돌았다. 지리산 어느 절에서 고시 공부하는 선배가 있는데 격려차 방문했더니 주더라고 하얀 거짓말을 했다. 아내는 내가 한 말을 아버지께 그대로 전했다. 아버지도 "그 선배 올해는 꼭 되어야 할 텐데."며 달게 드셨다. 아마 과수원과 바꾼 꿀이라고 했다면 드시기는커녕 "당장 내다 버려라. 그걸 준다고 받아왔냐."며 나를 엄청나게 나무라셨을 것이다. 아버지는 꿀을 잘 드시고 그해 겨울 동안 감기 한번 앓고 넘기셨으니 비싼 만큼 효과는 확실했었다.

  집으로 오는 길에 부모님의 기뻐하시던 모습을 생각하니 거짓말을 하길 잘했다는 생각이 든다. 그 호박이 첫 수확물이라 기쁜 게 아니고 자식들이 들고 와서 처음이네, 엄마 생각이 났네 하며 종알거리는 게 즐거웠으리라. 처음이라는 사실 여부는 아무 상관 없었을 것이다. 나중에 자식들이 우리 좋으라고 거짓말한다면 알아도 모른 척해주자고 아내에게 말한다. 그제야 아내도 마음에 남아 있던 죄송함을 털어내고 환하게 웃는다.

  세상을 진실하게 살아야 하는 것은 너무나 당연하다. 서로 믿고 힘을 합쳐야만 가정도 사회도 살맛이 난다. 그렇지만, 큰 기계가 무리 없이 움직이기 위해서 윤활유가 필요하다. 삭막한 세상을 부드럽게 만드는데 하얀 거짓말이 그런 존재가 아닐까 싶다.

뿔논병아리

뿔논병아리는 새끼가 채 자라기 전에 또 알을 품는다. 시간이 되면 새끼가 알을 깨고 나와 물에서 헤엄을 친다. 주위에는 먼저 태어난 형들이 맴돌고 있다. 자세히 보니 형들이 갓 태어난 동생들에게 물고기를 잡아 먹이고 있다. 어렵게 잡은 먹이를 나눠줄 때는 가족이라는 사랑과 의무감을 느껴졌기 때문일 것이다. 어미가 사고로 죽게 되면 성장할 때까지 돌보아준다니 조류지만 대견스럽다.

아버지는 바늘 하나 꼽을 땅이 없는 가난한 집안의 십 남매 중에 장남으로 태어났다. 어려운 살림에 그 많던 남매들이 홍역의 강을 넘고 보니 다섯으로 줄어 있었다. 장남만은 제대로 공부시켜야겠다는 집안의 의지에도 불구하고 초등학교 입학마저 제때 하지 못했다.

아버지가 중학생 때 가족들은 일거리를 찾아 잠시 대구로 나왔다. 겨우 얻은 좁은 단칸방에서 가족들은 새우잠을 자야 했다. 아버지는 낮에 한약방 점원으로 일하고 밤에는 야간 중학을 다녔다. 한때는 가족의 생계를 아버지의 점원 월급에 의존한 때도 있었다. 학교를 마치고 밤늦게 골방에 돌아오면 멀건 갱죽 한 그릇이 신문지에 덮여 있었다. 아무리 아껴 먹어도 곧 바닥 긁는 소리가 났다. 누우려고 보면 다리 펼 곳을 찾지 못해 웅크리고 날 새길 기다린 날이 얼마인지 모른다고 했다. 그런 형편 속에서 대학까지 마쳤으니 그 의지와 고생은 이루 말할 수가 없었다.

어렵게 교사가 되자 고향에 있던 동생들이 면학을 위해 형을 찾아왔다. 형으로서 동생을 보살펴야 하는 의무감과 사랑으로 흔쾌히 받아들였다. 한 평 남짓한 흙벽 방에서 삼 형제는 몸을 비비면서 꿈을 키워갔다. 아버지는 뿔논병아리가 되어갔다.

아버지는 지방으로 옮겨 다니다 내가 초등학교에 입학할 즈음 대구에 정착했다. 아버지가 대구에 자리를 잡자 자취를 하던 삼촌 두 분과 다시 같이 살게 되었다. 그때 내 아래로 동생이 셋이나 있었다. 두 칸짜리 셋방에 여덟 식구가 엉켜 살았다. 몇 년 뒤에는 아버지와 두 바퀴 돌아 띠 동갑인 고모마저 합세했다.

식구는 아홉인데 돈벌이하는 사람은 아버지밖에 없었다. 학비는 고사하고 입고 먹기에도 모자랐다. 아버지를 누르고 있는 여덟 명의 무게는 태산 같았고, 한 걸음 띄기가 전쟁이었고 몸부림이었다. 가진 것이라고는 몸과 교사라는 직업뿐이었다. 그것으로 지탱

해 나갈 수밖에 없었다.

아버지는 개인 지도를 시작했다. 영수가 아닌 국어로 개인지도 하기란 쉽지 않았다. 요즘 입시에 논술과목이 생겨 달라졌다는 말은 들었지만, 그 당시로써는 드문 일이었다. 학생 모으기도 쉽지 않았다. 집안 형편이 괜찮으면서 국어 점수가 낮았던 학생들을 골라 일일이 학부모께 전화해서 부탁했다.

아버지는 아침에는 학교로 출근하시고 저녁이면 학생 집을 방문하거나 우리 집에서 과외를 했다. 과로와 식사를 제때 못해서 항상 피곤했고, 속이 편하지 않아 위장약을 품고 살았다. 나는 아버지가 집에서 과외를 할 때는 동생들을 데리고 끝날 때까지 동네를 배회하다 공부방에 불이 꺼진 걸 보고 들어왔다. 공부방 불을 잘 볼 수 있는 건너편 담 모퉁이에서 쪼그리고 앉아 불 꺼지길 기다리다 잠든 때도 있었다. 어머니가 잊고 불을 끄지 않아 우리가 늦게까지 들어가지 못하자 아버지가 찾으러 나온 적도 있었다.

당시는 고생했지만, 지금은 보람을 느낀다. 숙부들은 그 고마움을 평생 갚으며 살고 있다. 아직도 어버이날이면 찾아뵙고 '형님을 아버지처럼' 받드는 마음을 실천한다. 아버지처럼 뽈논병아리 운명을 숙명처럼 받아들이기도 힘들지만, 숙부들처럼 그 마음을 은혜처럼 생각하기도 쉽지 않을 것이다.

그때는 어린 마음에 용돈도 주지 않고 동네 아이들 다 가는 태권도 도장에도 보내주지 않는 아버지를 야속하다고 생각했다. 지금 되돌아보면 저절로 고개가 숙여진다. 아버지는 동생들과 자식들 입에 풀칠하는 데 그치지 않고 일곱 명을 다 대학까지 마치게 하여 나를 제외한 여섯 명을 교사와 의사로 만들었으니 뿔논병아리 중에서도 으뜸이라고 할 수 있겠다.

사람들은 세상이 옛날과 비교하면 많이 삭막해졌다고 말한다. 형제간에도 지나친 사회적, 경제적 격차로 쉽게 어울리지 못하고 우애가 나쁜 가정이 부지기수이다. 내 주위에도 그런 집이 있어 참으로 안타까운 마음이 든다. 그와 달리, 우리 집안의 돈독한 우애는 뿔논병아리였던 아버지 덕분이다. 아버지 형제에 이어 우리 형제, 아이들까지 대를 이어 좋은 전통이 전해지도록 장손의 역할을 다하리라 다짐해 본다.

어머니의 윷

 아침 햇살이 눈부시다. 주말 오전, 아내의 성화로 오랜만에 대청소를 한다. 치우고 쓸고 닦기를 마치고 모든 걸 제자리로 돌려놓다가 큰방 한쪽 벽을 차지하고 있는 장롱이 눈에 들어온다. 어머니가 평생 고생하셨다고 아버지께서 선물로 사주신 열두 자 포도무늬 장롱이다. 그 동안 너무 무심했나 싶어 물수건으로 정성껏 닦는다. 장식된 포도송이송이를 닦는데 어느 지점에 이르자 약간의 미세한 흔들림이 전해진다. 유심히 살펴보니 비밀서랍이다. 서랍을 열자 비단주머니가 수줍게 숨어있다. 신기해서 풀어보니 비단윷판에 윷가락 네 짝과 희고 검은 바둑알 여덟 개가 싸여있다.

 윷가락을 보니 오래전 어머니가 정성껏 만들어 닦고 문질렀던 모습이 생각이 난다. 잘 말린 싸리나무로 윷가락 몇 세트를 만들어 가장 잘 생긴 걸로 한 세트 고르신 것 같다.

"너희들 사남매가 하나씩 나누어 가지고 내가 죽거든 한 번씩 모여 내 생각하면서 놀아라. 한 명이라도 빠지면 윷가락이 모자라 윷놀이를 할 수 없을 것이다." 농담처럼 말하시고는 장롱 비밀서랍에 넣어 두신 것이다. 어머니는 이 윷가락을 장롱서랍에 넣어둔 걸 기억하실까. 아마 세월이 지나 까맣게 잊고 계신 건 아닐는지 모르겠다.

젊은 시절의 어머니는 항상 일하는 모습이었다. 우리 사남매와 삼촌, 고모까지 대식구의 뒤치다꺼리하려니 쉴 틈이 없었다. 먹을 걸 준비하든지, 입을 옷을 만들었다. 심지어 가족이 함께 텔레비전을 보고 있을 때도 어머니는 뜨개질을 하셨다. 다 자랄 때까지 우리 사남매는 어머니가 짜고, 입던 옷을 풀어 다시 짠 옷을 입고 자랐다. 어머니 손에 뜨개질 대신 윷가락이 잡힌 것은 막내가 대학을 마치고 내가 결혼한 후쯤이었다. 포도송이가 조각된 이 장롱도 그때쯤 샀을 것이다.

어머니는 윷에 일가견이 있었다. 윷말도 잘 썼고 신명도 좋았다. 명절에 가족이 모여서도 윷놀이를 했고, 동네 아주머니들과는 무싯날에도 했다. 그때마다 흥이 난 추임새로 분위기를 휘어잡으며 이겼다. 간혹 지더라도 웃음을 주며 주위를 재미있게 했다. 지금도 내 귀에 어머니의 윷을 던지며 넣던 기합소리가 들리는 듯하다.

"슈쭉! 슈쭉! 모로오~~."

장롱을 닦던 물수건을 잠시 내려놓은 채 윷말을 펼치고 윷가락을 던져본다. 개가 나온다. 개 자리에 검은 돌을 올려놓고 쳐다보니 윷판은 세상이요, 놓인 돌이 나 같다는 생각이 든다. 가만히 돌을 내려놓고 돌 여덟 개를 두개씩 나눈다. 검은 돌은 나와 막내의 몫으로 흰 돌은 여동생 둘의 것으로 가른다. 그 위에 윷가락을 하나씩 얹는다. 어머니가 우리 사남매에게 물려주려는 유산이다.

어머니는 윷가락 하나하나 정성껏 닦았을 것이다. 우리 잘 되길 바라는 마음으로 문지르고 광도 내었으리라. 남매간에 우애 있고 화목하기를 빌면서 고이 비단에 싸서 비밀서랍에 간직했을 것이다.

어머니의 기원처럼 동생들은 순탄하게 윷판을 달리고 있다. 큰 여동생은 아버지의 K대 사대 국어교육과 후배가 되더니 딸마저 후배로 키워 삼대가 동문이 되었다. 지금은 고등학교 교장 선생님이 되어 있다. 작은 여동생은 K대 의대를 졸업하고 교수가 되었다. 지금은 남편 따라 부산에서 살고 있다. 막내는 K대 체육교육과를 졸업하고 김천에서 교편을 잡고 있다. 골프, 스키의 대중화로 인기를 한 몸에 받고 있다. 동생들은 어머니의 바람대로 안정된 생활을 하고 있다.

어머니는 윷가락을 아무리 정성을 들여 다듬더라도 어느 한가락에는 흠집을 내어야 했다. 뺄 도를 표시하기 위해서 검게 X표기를 해야 했다. 사남매 누구 하나 잘못 될까 주저했지만 가장 손에 듬직하게 잡히는 윷가락에 표시를 그렸으리라. 어머니는 그 때문에 내가 잘 되지 않고 있나 걱정하실지 모른다. 나는 성격과 적성이 맞지 않는 장사의 길로 접어들어 계속 실패를 거듭했다. 덕분에 아직도 어머니의 걱정을 온몸에 받고 있다.

가만히 윷가락을 다시 던져본다. 그동안 내가 던진 윷은 무엇이었을까. 모는 몇 번이나 나왔을까. 훌륭한 부모님을 만나서 모, 아내를 잘 만나 또 한번 모, 주위에 좋은 친구들이 많아 모를 던졌다. 모가 세 번이나 나왔다면 윷판을 순탄하게 유영해야 했지만 그렇지 못했다. 잘못 던질 때도 많았기 때문이다. 게으르고 우유부단한 성격은 도, 공부를 열심히 하지 않아 또 도를 던졌다. 결코 던져서는 안 되는 사업실패와 병마는 다시 윷말을 출발점으로 되돌렸다.

윷판은 세상살이와 닮았다. 윷말을 잘 써야 한다. 가장 빠른 길인 모에서 방을 거쳐 출구(참 먹이)로 나오는 작은 삼각형을 그릴 확률은 열에 두 번이 되지 않는다고 한다. 모두가 그런 그림을 그리고 싶지만 마음대로 되지 않아 뒷모에서 꺾든지, 방을 그냥 지나쳐 찌모로 돌아오는 큰 삼각형을 그리게 된다. 불운하게 큰 사각형을 그리는 경우도 열에 세 번이 넘는다고 한다.

이런저런 생각들을 접고 다시 윷말을 내려다본다. 지금도 부모님, 아내, 친구들은 그 자리에 그대로 있다. 이제는 장성한 두 아들도 있으니 다시 한번 용기를 내어 윷판을 벌여봐야겠다. 조금 늦고 실패도 경험했지만, 이제는 자신이 넘친다. 모 다섯 번에 걸 한 번이면 끝나는 놀이라는 걸 알기 때문에 늦지 않다는 희망도 가진다. 또 그렇지 않더라도 천천히 가는 기쁨도 알고 있고, 설령 큰 사각형을 돌더라도 혼자가 아니라는 걸 알기 때문이다.

다가오는 어머니 생신날, 오랜만에 윷놀이를 한판 벌여야겠다. 헤어질 때는 어머니 말씀대로 동생들에게 윷가락 하나씩 나눠줘야 할까보다.

다싯물 여사

저녁을 먹은 후 텔레비전을 켜니 오락 프로그램이 한창 이어지고 있다. 우스운 장면이 나와 나도 모르게 '껄껄' 웃고 만다. 혼자 재미있게 보려니 주방에서 설거지하는 아내에게 미안한 마음이 든다. 슬며시 일어나 이곳저곳을 살펴보니 식탁 위에 놓인 멸치가 눈에 띈다. 지난 주말 아내가 바닷가에 다녀오면서 사온 것이다. 멸치라도 다듬어야겠다는 생각에 신문지를 펼치고 수북이 쏟아 붓는다.

멸치의 머리를 떼고 등을 갈라 그 속에 까맣게 웅크리고 있는 똥을 제거한다. 멸치를 다듬으며 텔레비전을 보려니 제대로 볼 수가 없다. 그래도 아내에게 미안한 마음이 없어져 한결 편하다. 한참 멸치를 다듬는데 느닷없이 손등에 눈물 한 방울이 떨어진다. 다싯물여사가 떠올라 눈앞이 뿌옇게 된다.

다싯물여사는 내가 장모님께 붙여드린 별호이다. 장모님이 우리 집에 십수 년 사는 동안 멸치 다싯물이 떨어진 적이 없었다. 항상 냉장고에는 다싯물이 사이다병에 두세 통은 있었다. 조용히 계신다 싶으면 주방 한쪽에서 멸치를 다듬고 계셨다. 무슨 음식을 해도 다싯물로 맛을 돋웠다. 그런 까닭에 다싯물여사라는 별호를 붙이게 되었다.

다싯물을 애지중지하던 장모님이 지난달 우리 곁을 떠나셨다. 너무나 갑자기 돌아가셔서 아직 실감이 나지 않는다. 지금이라도 처가에 찾아가면 "바쁜데 왜 또 왔는가?" 하시며 반겨주실 것 같다. 막냇사위에게 더없이 다정하시던 장모님은 숨쉬기가 힘들다며 병원에 입원한 지 하루 만에 돌아가셨다. 사람들은 죽는 복을 타고 났다는 덕담으로 위로를 해주었다.

가신 뒤에 장모님의 인생을 곱씹어 보니 그 삶이 또한 다싯물 같았다. 장모님은 평생 자신을 드러내지 않았다. 오로지 말없이 당신을 희생하여 주위 모두를 행복하게 해주었다. 모름지기 아무리 음식이 맛있어도 다싯물 때문에 맛있다고 하지는 않는다. 장모님의 인생이 그랬다.

장모님은 스물도 되지 않아 식구는 많고 먹을 것은 없는 집 맏며느리로 시집을 왔다. 시집온 순간부터 고생문으로 들어섰다. 엄한 시어머니와 사람만 좋은 남편 사이에서 평생 주어진 일만 말없이 했다. 몸 고생, 마음고생이 이루 말할 수 없었을 것으로 짐작된다. 식사 때는 장조모와 장인이 겸상을 받고 장모님은 부엌아궁이에서

누룽지를 긁어먹었다고 했다. 아내도 철 들 때까지 장조모와 장인이 부부이고 장모님은 식모인 줄 알았을 정도였다. 심지어 돌아가실 때까지 코앞에 있는 친정에 다녀온 횟수가 손가락으로 꼽힐 정도였다고 했다.

장조모는 방학만 되면 친손자, 외손자들을 집으로 불러들였다. 보고 싶기도 했겠지만, 타지에서 고생하는 당신 자식들의 힘을 덜어줄 의도가 다분했다. 물론 뒷감당은 고스란히 장모님의 몫이었다. 먹성 좋은 아이들에게 하루 세끼 밥을 해대는 일은 예삿일이 아니었다. 아이들 수가 많을 때는 스물도 넘었다. 밥해서 먹고 설거지하면 돌아서서 다시 밥을 지어야 했다.

그렇게 지내다 방학이 끝나 돌아갈 때면 아이들은 장조모에게만 인사를 했다. 경제권을 쥐고 있는 장조모에게 차비라도 넉넉히 받기 위해 아양을 떨었다. 십 원 한 푼 주지 못하는 부엌데기는 안중에도 없었다. 고맙다는 치사는 장조모가 듣고 고생은 장모님의 몫이었다.

장인이 간경화로 병상에 들자 부엌일은 물론 논밭에 물 대고 김매는 일까지 장모님께 넘어왔다. 장인은 기껏 모심기 할 때 줄이나 잡았다. 대부분 시간은 낚싯대를 들고 강가로 가거나 마을 회관으로 마실을 다녔다. 병세가 깊어지자 자리에 누워 장모님의 수발을 받는 처지가 되었다. 장모님의 작은 몸은 물먹은 솜뭉치가 되어갔다. 하루 몇 시간밖에 못 잤지만, 그마저도 '끙끙' 앓는다고 제대로 자지 못했다.

　보리 필 무렵 장모님의 긴 한숨 소리를 들으며 장인은 이승을 하직하셨다. 긴 병시중으로 장모님의 몸도 만신창이가 되었다. 팔다리도 편하지 않은 데다 당뇨마저 닥쳤다. 병시중 든다고 한 번도 못 가본 동네 여행을 어렵게 따라나선 날, 장조모가 중풍으로 쓰러졌다. 팔자에 없는 제주도 여행을 중간에 접고 다시 시어머니 병시중에 매달리게 되었다.

　내가 장가가고 몇 년이 지나지 않아 장조모가 돌아가셨다. 그제야 장모님은 집안의 어른이 되면서 자신의 인생을 살 수 있게 되었다. 하지만 이미 연세가 들고 편치않은 몸으로 혼자 시골에 남게 되어 오히려 자식들의 걱정거리가 되었다.

　가족회의 끝에 장모님을 우리 집에 모시기로 했다. 장모님도 걱정되었지만, 아내의 복직을 앞두고 아이들을 돌볼 사람이 필요했다. 장모님이 평생 고생한 걸 잘 알면서도 우리 부부의 필요 때문에 모시겠다고 할려니 참으로 민망스러웠다. 장모님은 기꺼이 오셔서 아이들을 길러주고 살림도 맡아주었다.

　십수 년 동안 우리 가족은 장모님이 해주신 따뜻한 밥을 먹었다. 함께 먹은 다싯물은 아마 몇 솥이 넘을 거다. 요즘처럼 각박한 시절, 아이들을 사랑으로 돌봐주셔 구김살 없이 키워 주셨다. 그뿐만 아니라 나와 아내가 마음껏 바깥 활동을 하도록 집안을 걱정거리 없이 지켜주셨다. 우리가 이 정도 살림을 이루고 별문제 없이 사는 건 장모님의 보살핌이 크기 때문이다.

그렇게 장모님의 은혜는 바다같이 받았지만, 사위 노릇은 제대로 하지 못했다. 같이 사는 동안 하는 일이 잘되지 않아 내가 번 돈으로 맛있는 요리도 대접하지 못하고 예쁜 옷 한 벌 사드리지 못했다. 실직으로 집에서 빈둥댈 때는 사위시집을 살게 했다. 가족들 때문에 평생 고생하셨는데 나까지 힘들게 하는구나 하는 죄송한 마음이 항상 자리잡고 있었다.

문상오신 처이모님이 "공 서방 많이 섭섭하제. 장모님 모신다고 고생 많았다." 하시며 위로의 말을 전하셨다. 이어서 "자네 장모가 공 서방 같은 사위 없다고 입이 닳도록 칭찬하더라. 아무리 술 마시고 늦게 와도 꼭 잘 자는지 방문 열어본다고 하더라. 한 마디만 섭섭한 소리 하면 갈려 했는데 그 긴 세월 동안 마음이 한결같더라며 자랑하더라. 공 서방. 내가 다 고맙네." 하며 내 손을 잡으셨다. 장모님의 은혜를 십 분의 일도 못 갚았는데 뜻밖의 치사를 들으니 참았던 울음이 다시 복받쳐 올랐다.

뿌연 시야가 걷히면서 맞은편에 아내가 보인다. 그새 설거지를 마친 모양이다. 텔레비전에 무엇을 하기에 웃다가 울기까지 하냐며 재미있다는 듯 나를 바라본다. 멸치를 다듬으니 다싯물여사가 보고 싶어서 그랬다고 하니 아내가 고개를 숙이며 어깨를 들썩인다.

나의 인생도, 아내의 인생도 장모님을 빼고는 얘기할 수가 없다. 장모님이 평생 순응과 배려하는 마음으로 주위를 돌보면서도 당신을 드러내지 않는 다싯물로 사시는 걸 보았다. 우리 부부도 장모님의 희생과 보살핌 속에서 신혼 시절을 어렵지 않게 살 수 있었다. 우리 부부의 인생에서 어떤 맛이 날지 모르지만, 그 속에는 장모님이 우려낸 다싯물이 깔렸을 것이다.

평생 다싯물 역할만 하면서 살다 돌아가신 장모님이 저 세상에서는 꼭 주인공으로 한번 살아보시길 빌어본다.

세대주

　　　　　　　　　　　　　　　　　　오랫동안 이사 갈 집을 고르다 조합주택을 분양받기로 했다. 삼호선이 곁으로 지나가고 신천도 가까워 마음에 들었다. 옛날 살았던 동네라서 더 정감이 갔다.
　아내와 함께 분양사무실에 제출할 서류를 정리한다. 하나라도 빠뜨릴까 꼼꼼히 살펴본다. 서류 중에 등본을 보니 며칠 전까지만 해도 내 이름으로 되어있던 세대주가 아내의 이름으로 되어있다. 내 이름 옆에는 세대주의 남편이라는 낯선 관계가 적혀있다. 물론 내가 동의를 했고, 제출서류에 아내가 세대주가 되어있어야 했지만 그리 유쾌한 일은 아니다.
　지금 집은 물론이요 이제까지 살았던 모든 집은 아내 명의로 되어 있었다. 내 이름으로 되어 있는 건 승용차뿐이다. 내 이름으로 해야 보험료가 싸다고 아내, 아들이 타는 차까지 모두 내 명의로

해두었다. 세 명 중 누구라도 위법을 하면 내 이름으로 빨간딱지가 날아온다. 등기로 배달되어 집에 사람이 없으면 차주가 직접 우체국까지 가서 찾아 와야 한다. 좋은 건 아내, 귀찮은 건 내 명의로 되어 있다.

우리는 결혼 삼 년만에 남보다 일찍 아파트를 마련했다. 부모님과 같이 살면서 알뜰히 저축도 했지만, 아내 직장에서 주택마련저금리대출을 해준 덕분이었다. 아내는 은행에 근무하고 있었다. 당시 시중금리가 10%도 넘었지만, 아내의 대출이자는 고작 1%였다. 직원 복지 차원의 혜택이었기 때문에 아파트 명의도 직원 이름이라야 했다. 요즘은 재산증식을 위해서 위장이혼도 불사한다고 하지만, 당시의 나는 집을 아내 이름으로 등기한다는데 많은 거부감을 가지고 있었다.

아내는 갖고 있던 우리사주도 팔고 대출도 내면서 대부분의 자금을 준비했다. 내 명의로 해야 한다는 나의 주장은 공염불이 될 수밖에 없었다. 아내는 이십 대에 당당히 아파트 소유주가 되었다. 그래도 나는 기죽지 않고 기침 소리 크게 내며 살았다. 내가 없었으면 아파트를 살 수 없었기 때문이다. 당시는 아파트 당첨이 로또였다. 30평대의 분양비율은 100대1이 보통이었다. 아내가 아무리 신청접수를 해도 번번이 탈락했다. 보다 못한 내가 어렵게 시간 내어 접수를 하자 단번에 당첨이 되었다. 당첨된 아파트를 따라 연고도 없는 칠곡에서 아이들이 중학생이 될 때까지 살았다.

이후 몇 번의 이사 때 명의를 찾을 기회가 있었지만 그러질 못했다. 사업실패로 명분도 없었고, 야멸차지 못한 성격에 남에게 보증설 수 있다는 이유로 무산되었다. 나 스스로도 세월의 부침 속에서 별일을 다 겪고 보니 아내의 명의로 되어 있는 게 차라리 낫다는 생각을 하게 되었다.

편의점을 계약할 때 회사에서 설정을 요구했다. 금액이 이치에 맞지 않게 너무 많았다. 왜 이리 많은가 하며 따지자 회사는 만일에 만일을 생각하여 손해를 전혀 보지 않을 금액을 설정한 것이라고 했다. 직원은 자기도 시키는 대로 할 뿐이라며 같이 회사를 욕하며 미안해했다. 설정 물건 소유주인 아내는 내가 회사에 따진 그대로 나에게 다그쳤다. 회사의 횡포에 치를 떨며 계약을 포기할 태세였다. 나도 회사 직원이 한 것처럼 맞장구치며 회사를 욕했다. 아내의 마음이 조금 가라앉자, 열심히 장사하여 돈 많이 벌겠다고 맹세를 하고는 겨우 서류를 받았다. 나는 회사에도 을이고, 집에서도 을이 되었다. 그런 경우 말고는 별 불편한 점은 없었다.

드디어 몇 년을 끌던 재개발 협상이 완료되었다. 아직 보상 계약금만 들어왔지만 서둘러 이사할 집을 찾아야 했다. 몇 군데 알아보니 아파트 값이 너무 많이 올라 당황스러웠다. 몇 년 전 협상 초기에는 두 채는 살 수 있는 보상금액이었는데 지금은 겨우 한 채 살 돈밖에 되지 않았다.

분양시장으로 눈을 돌리자 적당한 주택조합에서 조합원모집을 하고 있었다. 좋은 층은 벌써 임자를 찾았고 저층 몇 군데가 남아 있었다. 마음에 드는 게 없다고 나오려 하자 직원이 잠깐만 기다리라더니 마침 계약취소 된 게 있다면서 할 마음이 있으면 빨리 결정을 하라고 했다. 나오기 힘든 꼭대기 층이라며 잠시만 머뭇거려도 다른 사람 손에 넘어갈 태세였다.

우리는 얼떨결에 계약하겠다고 했다. 직원은 조건이 되는지 물었다. 세대원 누구의 이름으로도 국민주택 한 채 이상 있으면 안 되고, 계약자는 세대주라야 된다고 했다. 그래 세대주! 내가 우리 집 세대주이지. 은근히 내 이름으로도 집 한 채 하는구나 싶어 흐뭇하게 앉아 있었다.

내 마음과는 아랑곳없이 아내는 자신이 세대주가 아니라서 안 되겠다며 포기하려 했다. 그러자 직원은 세대주는 바꾸기 쉽다며 남편의 동의만 있으면 된다고 했다. 그러면서 직원과 아내는 동시에 나의 얼굴을 쳐다보았다. 순간 눈물이 울컥 나올 뻔했다. 일장춘몽도 잠시뿐, 따가운 시선에 힘없이 고개를 끄덕이고 말았다. 주택소유주는커녕 세대주라는 허울마저 빼앗긴 순간이었다.

이 힘든 세상 그나마 나를 버티게 한 게 있다면 세대주란 감투였다. 그렇다고 소설 '완장'처럼 알량한 권력을 행사하지는 않았지만 한 가정의 대표이자 최고 어른이라는 자부심은 갖고 있었다. 그런데 이젠 그마저 내려놓아야 했다.

등본을 착잡한 마음으로 바라보고 있으니 아내가 재미있다고 웃는다. 아쉬울 것 하나 없구먼 뭘 쳐다보냐는 듯하다. 혹 팔게 되면 남는 이익의 반을 주겠다고 달랜다. 완장을 빼앗긴 마음이 이러했을까? 아내는 세대주가 된 게 신기하면서 재미있기도 한 듯 웃음이 떠나지 않는다. '그래 당신 다 해라. 세대주도 하고 호주도 다 당신 해라. 집도 절도 다 해라.'하고 소리치고 싶었지만, 속 좁은 밴댕이라고 신임세대주에게 한 소리 들을까 봐 꾹 참고 마당으로 나온다.

그동안 정들었던 라일락 둥치를 쓰다듬어본다. 그래 훌훌 털어버리자. 이제까지 세대주라고 누린 혜택도 없었고, 세대주가 아니라고 어른대접 못 받는 것도 아닌데 미련을 두지 말아야겠다. 완공되어 살아도 좋고, 많이 남겨 팔아도 좋다. 아내가 다 해도 좋고, 한 푼도 안 주어도 괜찮다. 나는 그런 것에 상관하지 않는다. 집안 식구들 건강하고 이리저리해서 살림이 늘면 그게 내가 바라는 일이다. 등본에는 어찌 되어있든 나는 우리 집의 영원한 가장이 아닌가. 스스로 위안하며 꽃이 다 떨어진 라일락을 달래 준다.

5

사람들은 미래를 예측하지 못한다. 변화무쌍한 세상을 어떻게 내다 보며 살 수 있겠는가. 자신이 바라는 대로 펼쳐지지 않는다고 자책하거나 비관할 필요는 없다. 잘살아 보겠다고 한 노력은 반드시 어떤 방식이든 대가를 준다. 나는 현재 주어진 상황에 맞춰 성실하게 하루하루를 살아갈 뿐이다. - 예측불허

- 늙지 않는 친구
- 회장배 골프대회
- 오동
- 집합
- 샴푸 냄새
- 야구중계와 연속극
- 쌍화차
- 예측불허
- 방황의 끝
- 빙고

늙지 않는 친구

친구의 제사에 참석하기 위해 포항으로 가는 길이다. 친구 부인이 재혼하거나 큰아들이 장가갈 때까지 참석하기로 정했는데 그런 일이 안 생겨 한 해 두 해 이어지다 이제 강산이 한 번 바뀌고도 좀 더 변했다.

친구는 고등학교에서 만났다. 같은 대학에 진학했고, 모임도 같이 하여 청춘 시절에는 실과 바늘처럼 가깝게 지냈다. 친구는 군 면제가 될 정도로 키와 덩치가 작았다. 눈에 띌 정도로 왜소했지만 못하는 것이 없었다. 기타도 제법 치고, 바둑도 아마추어 수준을 넘겼으며, 연애는 거의 박사급이었다.

와촌 휴게소에 들어서니 잔설이 깔려 있다. 대구에는 오후에 빗방울이 조금 떨어졌는데 팔공산 중턱인 이곳에는 눈이 내렸나 보다. 우리는 구미에서 오는 일행을 기다리고 있다. 예전에는 경산휴게소에 모였는데 세월이 흘러 새 고속도로가 생기고 새 휴게소에서 만나게 되었다.

　우리는 고등학교에서 같이 서예를 배우며 친하게 되었다. 친구 부친이 포항에서 손꼽히는 부자라 학교 근처에 자취방을 마련해 주었다. 그곳은 자연스럽게 우리의 아지트가 되었다. 나도 그곳에서 담배를 배웠고, 맛도 모르며 마신 소주에 정신을 잃기도 했다. 그것을 인연으로 그때의 모임이 아직도 이어지고 있다. 눈에 익은 차 한 대가 멎는다. 구미에 사는 친구가 주차하자마자 춥다고 호들갑을 떨며 휴게실 문을 열고 들어온다. 세 명이 오기로 했는데 혼자 온다. 오늘처럼 눈발 흩날리는 날이 있지만 몇 년 전에는 초여름 날씨인 적도 있었다. 가는 인원도 날씨처럼 대중없다.

　결혼을 한 우리는 여름휴가 때면 가족들을 태우고 포항으로 향했다. 친구가 밤운전이 서툴러 우리가 갔다. 산림조합에 근무했던 친구는 물 좋고 산 좋은 곳에서 우리를 기다렸다. 비학산자연휴양림, 내연산과 오천의 물 좋은 계곡에서 밤을 지새우며 추억을 만들었다. 아무리 첩첩산중에 자리를 잡아도 인근 마을 이장이 들렀다. 그들은 불편한 점 없냐고 묻고는 고기와 소주 몇 병을 두고 갔다. 알고 보니 송이철에 값을 넉넉하게 쳐 달라는 뜻이었다. 산림조합에 다니는 친구가 산림 속에서는 제법 힘을 쓰는 모양이었다.

　벌써 차는 포항요금소를 지난다. 서서히 포항시가 보이기 시작한다. 저 멀리 친구와 마지막 작별을 했던 병원이 보인다. 그날 병원에 도착했을 때 친구는 이미 의식을 잃고 중환자실에서 죽음을 기다리고 있었다. 우리 중에 의사인 일행이 담당 의사와 한참 얘기를 나누다 왔다. 뇌졸중인데 출혈 위치가 혈관과 신경에 둘러싸인 곳이라 수술할 수 없다며 침통하게 고개를 떨구었다. 차례로 마지막 인사나 나누자고 했다.

친구는 산소마스크를 쓰고 누워있었다. 옆에 있는 기계의 눈금만이 아직 죽지 않았음을 말해주고 있었다. 이미 싸늘히 식어버린 손을 잡았다. 손이 마른 장작처럼 마르고 검었다. 얼굴이며 갈비뼈가 드러난 가슴도 검었다. 마음고생이 얼마나 심했는지 산과 들로 돌아다닐 때보다 더 검었다. 온갖 걱정 근심이 온몸을 검게 타도록 했다. 분한 마음에 억장이 무너지고 눈물이 앞을 가렸다.

친구는 죽기 몇 해 전에 산으로 돌아다니는 현장 부서에서 경리 부서로 옮겼다. 투자를 잘못해 조합에 막대한 손실을 끼쳐 경고 조치를 당했다. 어떻게든 만회하려고 다시 투자했지만 야속하게도 뜻을 이루지 못했다. 더욱이 재투자할 때는 상부의 결재 없이 한 일이라 조합에서 변상 조치가 내려졌다. 그런 일들로 친구는 엄청 스트레스를 받았다. 모임 때면 소주 몇 잔에 취하고 잠시 후 보면 뒤에 시체처럼 누워 자고 있었다. 모두를 안타깝고 애처로워했다. 그러다 그렇게 싸늘히 누워있었다. 무슨 할 말이 있으랴. 걱정 말고 잘 가라고 해놓고 일 년에 한 번 들르는 것으로 그 말의 책임을 다하는 양 위안을 삼았다.

발인하는 날은 너무나 따뜻했다. 친구를 묻을 때는 정말 많이 울었다. 누가 감회를 묻길래 죄짖고 어디 숨어야 한다면 가장 편하게 숨겨 줄 친구를 잃었다고 대답했다. 그때 갑자기 왜 그렇게 말했는지 모르겠다. 그동안 덩치 작은 친구를 많이 믿고 의지했었던 모양이다. 친구는 항상 웃음을 잃지 않았고 작은 일에 연연하지 않았다. 정말 문자 그대로 작은 거인이었다.

 친구의 집에 도착하니 진설을 하는 중이다. 영정사진 속의 친구가 반긴다. 우리는 나이를 한 해 한 해 먹고 있어 친구와 자꾸 달라져 가고 있다. 이순이 다 되어 백발도 있건만 친구는 불혹의 모습 그대로이다. 절을 하며 흘낏 바라본 친구는 늙은 친구들의 절을 받으니 기분이 좋은지 "오냐, 오냐." 하며 흐뭇하게 웃는다.

 철상하고 술상을 사이에 두고 둘러앉는다. 친구의 큰아들은 경산 산림조합에 취직되었다 한다. 제 아비의 대를 잇다니 잘된 일이다. 이제 결혼만 하면 되겠네 하며 축하의 말이 오간다. 아들의 결혼이 의미하는 바를 알기에 우리는 잠시 조용해진다. 우리의 역할이 끝나는 것이다. 사귀는 여자는 있냐며 침묵을 깨뜨리는 말을 해보지만, 그동안 연례행사처럼 해온 포항 나들이가 이제는 멈춰질까 하여 기대 반 걱정 반이 된다.

 친구 부인이 준비한 고로쇠물 한 통씩 들고 집으로 돌아온다. 고속도로에 올라 포항 하늘을 되돌아보니 보름달이 환하게 우리를 비춘다. 달 속에서 친구가 잘 가라며 인사한다. 나는 혼잣말로 중얼거려본다. "짜슥은 늙지도 않노."

회장배 골프대회

　　　　　　　　　　　　　　　　아내가 나를 한심스
럽게 쳐다보았다. 삼십 만 원 주고 기껏 받아온 게 이거냐며 수건
을 내던지는 시늉을 했다. 한마디 더 하려다 내 모습을 보고 참는
눈치였다. 섭섭하기로 따진다면 내가 더 하다는 걸 알기 때문이
었다. 나도 수건을 펼쳐보니 속이 쓰렸다.
　지난해부터 고교 동기 골프회 회장이 되었다. 골프 실력으로나
경제적 능력을 보더라도 회장을 맡기에 부족하다며 몇 번이나 고
사했다. 모임의 활성화를 위해서는 내가 나서야 한다며 회장만 되
어주면 일은 자신이 다 하겠다는 총무의 말을 끝까지 거절할 수 없
었다. 그는 약속대로 내가 입댈 필요 없게 작은 일 하나도 놓치지
않았다.
　총무의 희생과 수고로 골프회는 문제없이 굴러갔지만, 회장이
손 놓고 보기만 하는 자리는 아니었다. 열 일 제치고 정기 라운딩

에 참석해야 했고, 회를 대표해서 몇몇 회의에 얼굴을 내밀어야 했다. 시간도 내기 힘들지만, 알게 모르게 돈도 제법 들어갔다.

올봄, 하던 사업이 힘들어져 정리하고 환경공단 기간제로 취직했다. 동기회 정기 라운딩이 목요일에 있으니 시간 내기가 힘들다는 핑계로 회장직을 내놓았다. 동기들은 회의를 열어 갑론을박하더니 회장이 참석할 수 있게 모임을 주말로 바꾸자고 결론 내렸다. 라운딩은 일요일 아침으로 변경되었다. 이십 년이나 이어오던 목요 골프를 나를 위해 옮겼으니 사임할 명분이 사라졌다.

연말이 가까워지자 총무가 회장배 골프대회를 하자고 했다. 회가 만들어진 지 오래되었지만, 아직 한 번도 회장배를 하지 못했다. 원래 해마다 해야 하는데 이제라도 전통을 만들자는 말에 공감은 갔다. 문제는 돈이었다. 명색이 회장배인데 회장인 내가 가만히 있을 수는 없었다. 분위기를 보니 내가 먼저 찬조를 해야 다른 회원들이 따라 할 모양새였다. 기분 같아서는 큰돈을 내고 싶었지만, 실상은 그럴 수 없었다.

곤란한 처지에 놓이자 회장 맡은 것이 후회되었다. 분수도 모르고 너무 나섰다는 생각이 들었다. 회원들은 변호사, 의사 같은 전문직이 다수를 차지하고, 기업체를 경영하는 동기들도 많았다. 최저 임금을 받는 수목관리원인 나와는 비교가 되지 않았다. 그들이 귀찮아 고사한 덕분에 나에게 회장 자리가 왔다는 생각이 들자 회장은 물론 골프까지 그만두고 싶었다.

예정된 날짜가 다가올수록 말수가 적어지고 한숨 쉬는 횟수가 늘어갔다. 아내가 슬며시 보태서 내라며 삼십 만 원을 내밀었다. 부족하겠지만, 회장 체면은 지키라고 했다. 기념 수건이나 할까 생각했지만, 별 한 것도 없는 회장이 생색이나 낸다고 할까 그냥 총무 통장으로 보냈다.

그러던 차에 한 친구가 수건을 찬조하겠다고 했다. 고맙다고 말은 했지만, 수건에 새겨지는 이름이 은근히 신경 쓰였다. 총무가 행사가 행사인 만큼 골프회 회장 이름을 크게 적고 찬조하는 친구 이름은 안 적든지 작게 쓰라고 했다면서 나를 안심시켰다. 내가 직접 내 이름이 박힌 수건을 하기는 민망했지만, 다른 친구가 해준다니 모양새가 좋아 내심 흐뭇했다.

올해 가장 추운 날이라고 예보된 날에 회장배가 열렸다. 다행히 티업시간이 다가오자 기온이 오르고 바람도 멎었다. 친구들은 회장이 어질어 하늘이 돕는다는 립서비스는 물론 오늘의 주인공이라며 몰리건도 주고 잘못 친 공도 기가 막히게 찾아냈다.

경기 후 파란 잔디가 내려다보이는 클럽하우스로 자리를 옮겼다. 먼저 온 총무가 회원이 가져갈 봉투를 만들고 있었다. 수건과 달력, 365일 진료하는 병원의 원장이 찬조한 혈관확장제까지 들어 있었다. 수건을 꺼내 볼까 하다 수 놓인 내 이름 보기가 쑥스러워 참았다. 회원 찬조가 많아 평소 잘 먹지 못했던 메뉴로 배를 한껏 채웠다.

시상도 푸짐했다. 솜씨 있는 회원의 도움으로 캘리그라피 상장까지 준비했다. 상을 줄 때마다 수상자와 상장과 상품을 사이에 두고 사진을 찍었다. 동기회 밴드에 올린 시상식 사진은 수상자와 회장인 내가 악수하는 사진으로 도배되었다. 찬조한 돈이 아깝지 않았다. 훌륭한 하루였다.

선물과 기념품을 한 아름 안고 집으로 돌아왔다. 아내는 나의 들뜬 모습을 보고 지출의 아픔을 잊었다. 성적은 어땠냐며 묻는 사이 나는 수건 상자를 뜯었다. 크게 수 놓인 내 이름을 자랑하고 싶었다. 수건을 펼치는 순간 두 사람은 인상이 일그러졌다. 동기 골프 회장배대회라는 큰 글씨 밑에는 날짜와 찬조한 그 친구의 이름만 있었다. 아내는 돈을 내고 본 것이 수건뿐이라 본전 생각이 났는지 무어라 한마디 하고는 휑하니 자리를 떠났다. 나는 나대로 분을 참지 못해 수건을 다시는 햇빛을 보지 못하도록 서랍 구석에 쑤셔 박았다.

온종일 즐거웠던 기억은 어디로 가고 착잡한 심정에 잠을 이룰 수 없었다. 총무가 수건에 내 이름을 적어야 한다고 말했음에도 그 친구는 왜 무시했을까. 무시했다기보다는 가볍게 생각하고 한쪽 귀로 흘렸으리라. 큰 건설업체를 경영하다 보니 수건에 박힌 이름과 푼돈에 목숨 거는 족속들은 안중에도 없었을 것이다.

내가 과민하게 생각하나 싶어 집에 있는 수건들을 펼쳐보았다. 행사를 주최한 회장이 아닌 찬조한 사람 이름만 적힌 수건은 찾기 힘들었다. 회장배를 마치고 하나씩 들고 가는 수건에도 이름을 넣지 못한 회장이 무슨 회장이란 말인가. 마치 이름을 도둑맞은 기분이었다.

분한 마음이 가라앉자 이번에는 내가 바보 같다는 자책감이 들었다. 이름 크게 넣은 수건을 먼저 만들었으면 아무 일도 없었을 텐데 미루다 이런 일이 생겼다. 항상 나서지 못하고 누가 해주길 바라는 성격 때문이었다. 자신의 송덕비도 세우는 세상에 자기 권리도 제대로 찾지 못하는 내 탓이 큰데 누구를 원망하랴. 일주일 일 해야 버는 거금을 내고 얻은 비싼 깨달음이었다.

오동

산소 가장자리에 오동 한 그루가 우뚝 서 있다. 봄이라 막 돋아난 새잎이 갓난아이처럼 꼬막손을 쥐고 있다. 몇 번의 곡절이 있었지만, 바라던 대로 곧게 잘 자란 나무를 보면 내 마음은 흡족하기 이를 데 없다.

오동에는 사연이 있다. 오래전 벌초를 하면서 산소 주변의 잡목들도 정리하였다. 소나무를 제외하고 모든 나무를 없앴다. 참나무, 오리나무 등 주변의 나무들을 정리하던 중 자그만 오동이 눈에 띄었다. 몇 번을 망설이다 그냥 두었다.

한해가 지나자 나무는 훌쩍 자라 누워계시는 할머니와 친구가 되어 있었다. 나무 중에 가장 빠르게 자란다는 말이 헛말이 아님을 증명해 주었다. 오동은 풍채나 생김새가 충분히 산소 한쪽 방위를 맡길 만했다.

추석날이었다. 우리 가족이 오동 앞에서 담소를 나누는데 지나

가던 분이 나무를 바라보며 "농을 만들든 거문고를 다듬든 줄기가 열두 자는 되어야 한다. 지금이라도 밑동을 자르면 그렇게 될 수 있다. 한 해에 열두 자가 되지 않으면 다시 잘라야 한다."라는 말을 했다.

오동을 다시 찬찬히 살펴보았다. 줄기가 채 열 자가 되지 않는 곳에서 가지가 벌어졌다. 벽오동을 심은 뜻은 봉황을 보기 위해서라는 노래도 있지만, 그동안 오동나무에 큰 의미를 두지 않았었다. 상서로운 오동나무가 싹을 틔워 그냥 두었고 잘 자라 대견스러웠다.

생각이 깊어졌다. 모를 땐 그냥 둘 수 있었지만 알고는 그대로 둘 수 없었다. 사람도 태어났을 때는 해야 할 일이 있듯 나무도 싹을 틔웠으면 그 값을 해야 한다. 오동은 가벼운 데 비해 단단하며 뒤틀리지 않는 장점으로 가구나 악기의 재료로 널리 쓰인다. 그러기 위해서는 밑동을 잘라야 했다.

톱을 들었지만, 확신이 서지 않았다. 잘못되어 혹 죽어버리지는 않을까, 자르면 한 해에 열두 자 넘게 자랄 수 있을까, 아직 더 자랄 텐데 조금 기다려볼까. 애처로운 마음에 별생각이 다 들었다. 결국, 그날은 자르지 못하고 다음을 기약했다.

봄이 되어 다시 찾은 나무는 다른 나무들처럼 그저 그런 나무가 되어 있었다. 오동의 사명을 다하기에는 부족했다. 줄기도 꾸부정해졌고, 가지도 마음대로 뻗어 마음씨만 좋아 보였다. 결단이 필요

했다. 밑동을 싹둑 잘랐다. 그대로 죽어버리는 건 아닐까 하는 생각도 들었지만 후회는 않았다. 한 해가 지나 다음해 새봄이 되어도 열두 자가 되지 못했다. 다시 한번 톱을 들었다.

그해 추석에 다시 들렀을 때 드디어 오동 줄기는 기대를 저버리지 않고 열두 자가 넘어 있었다. 곁가지를 쳐주자 쭉 곧은 줄기가 국기 게양대처럼 하늘로 뻗었다.

그런 오동이 강산이 변한다는 세월만큼 흐른 지금은 우리 산소뿐만 아니라 이 산의 수호신 역할을 충분히 하고 있다. 두 번이나 생명을 건 잘림이 있었기 때문이다. 성장을 위한 결단은 오동에만 국한된 것은 아니다. 사람도 자신에 맞지 않거나 더 큰 성장을 위해 현재의 옷을 과감하게 벗어 던질 필요가 있다.

내 친구 중에 자칭 미조迷鳥가 있다. 화학 전공을 살리지 못했다고 스스로 '길 잃은 작은 새'라고 말한다. 그 속에 새로운 세상을 향해 과감히 이동 경로를 바꾸었다는 자부심이 숨어 있다는 걸 나는 안다.

실제 친구는 오동처럼 키가 크지 않다. 하지만 내가 느끼는 친구의 아우라는 오동을 너머 온 산을 덮고도 남는다. 친구는 덩치는 작지만, 속이 꽉 찬 대인이며 한번 마음을 먹으면 굽히는 일이 없다.

친구는 한 갑자 전, 말 그대로 찢어지게 가난한 시골집 늦둥이로 태어났다. 산모가 워낙 못 먹어 친구의 첫 모습은 살가죽과 뼈가 맞붙어 보였다. 노산과 오랜 산고로 엄마의 젖은 말라버렸다. 당장 숨을 거두더라도 이상하지 않을 정도였다. 생명이란 정말 알 수 없는 것이었다. 친구는 뜻밖에 잔병치레 한번 없이 잘 자랐다.

그 시대의 가난한 집 늦둥이의 앞길은 뻔했다. 기껏 초등학교, 운이 좋으면 중학을 마치고 농사를 돕든지 공장으로 가야 했다. 친구도 공부를 두드러지게 잘하지 못했다면 그런 길을 걸어야 했을 거다.

가난한 우수 학생이 그랬듯 친구도 실업 고등학교에 진학했다. 대구의 명문 공업학교에 입학했다. 친구는 화학자가 되어 동의보감에 나오는 약재들을 연구해서 아픈 사람들에게 도움을 주고 싶었다. 마음은 그러했지만, 현실은 친구를 직물 공장으로 보냈다.

공장 생활은 실망스러웠다. 일이 끝이 없었다. 하루 열 시간 근무는 기본이고 간간이 야간 근무도 했다. 숙소는 블록 벽에 슬레이트 지붕을 얹은 방 한 칸에 동료들과 엉켜 살았다. 마음이 혼란스러워졌다. 대학에 다니는 친구들이 부러웠다. 공허한 마음을 채우려 술도 마시고 책도 읽었지만, 가슴은 뻥 뚫려만 갔다. 대학에 가고 싶었다.

친구가 버는 돈은 친구만의 것이 아니었다. 가족들의 생계가 달려있었다. 직물 공장에 계속 근무하면 승진과 월급 인상은 보장되었다. 대학을 졸업한다고 더 나은 직장이 보장되지 않았지만, 그는 오동 밑동을 자르듯 공장을 그만두었다.

형편상 전문학교에 진학했다. 졸업 후 사립대학교 교직원으로 취직했다. 직장 생활을 하면서 대학을 마쳐야 한다는 걸 뼈저리게 느꼈다. 대학 일을 하면서 대학을 졸업하지 않고서는 낯이 서지 않았고 승진의 절벽이 불 보듯 뻔했다. 돈도 없고 처자식까지 딸린 처지라 쉽지 않았지만, 다시 한번 결심했다.

새봄이 되어도 열두 자가 되지 못한 오동을 다시 벤 것처럼 친구는 사표를 내고 대학에 편입하였다. 고향집에 얹혀살고 있는 아내를 생각하면 잠시라도 한눈을 팔 수 없었다. 밤낮으로 책 속에 파묻혀 지냈다. 그 결과, 당당히 대학 졸업장을 가지고 복직했다.

친구는 대학 졸업을 자랑하고 싶었지만, 그러지 못했다. 직원 중에 대학 졸업하지 않은 사람이 없었다. 심지어 경리과 여직원도 명문대학 출신이었다. 직원 중에서 가장 뒤처진 출발선에 서 있었다. 도와주는 사람도 지켜봐 주는 사람도 없이 오로지 본인의 능력과 뚝심으로 나아가야 했다.

친구는 대학에서 직원으로서 오를 수 있는 가장 높은 자리에 올랐다. 그곳에 오르기 위해 친구가 어떻게 했는가를 알기에 더욱 존경스럽다. 친구는 지난해 큰 대과 없이 정년퇴직하였다.

오동은 두 번의 아픔을 겪고 위풍당당하게 자랐다. 친구는 자신을 길을 찾기 위해 두 번이나 힘든 결단을 하여 지금의 자신을 만들었다. 오동을 보면 친구가 떠오르고, 친구를 보면 오동이 생각난다. 바람결에 오동 가지가 산들거린다. 친구가 따라 웃는다.

집합

1박 2일로 지리산을 다녀왔다. 1년에 봄, 가을 두 번 하는 동문 행사였다. 우리들은 고등동문으로 같이 고생했던 대학 시절을 잊지 못해 모임을 결성했다. 더벅머리 총각 때 만들었는데 30년이 지난 지금은 제일 막내도 오십을 넘겼다. 전국에 흩어져 지내다가 약속한 날이 되면 가족들을 데리고 모인다.

나의 대학 시절은 동문회 활동이 전부였다. 공부도 동아리 활동도 뒷전이었다. 예쁜 여학생을 보면 가슴이 쿵쾅거리기도 했지만, 사귈 생각은 하지 않았다. 거의 매일 캠퍼스 외진 곳에 집합하여 선후배들 간의 푸닥거리를 치렀다. 그런 날은 주막에서 막걸리를 마셨고, 젓가락 두드리며 노래도 불렀다. 학교가 대구 근교에 있어 시내로 들어가는 차가 끊겨 선배의 좁은 자취방에서 잔 날도 셀 수가 없다.

그런 날이 졸업할 때까지 이어졌다. 모두 나처럼 취업을 못 해 백수가 될 줄 알았다. 내 생각을 비웃듯 대기업에 취직하질 않나 박사가 되어 교수가 되질 않나 다투어서 서울, 부산으로 직장 찾아 뿔뿔이 흩어졌다.

대구를 떠나지 못한 자들도 있었다. 직장을 대구에서 구한 경우도 있지만, 대부분 대기업에 취업도 하지 못하고 마땅한 기술도 없는 경우였다. 떠나고 싶은 사람은 모두 떠나가고 갈 수 없는 사람들만 남았다.

전국으로 흩어져 서로 형편은 달랐지만, 보고 싶기는 마찬가지였다. 올림픽이 열렸던 그해 가을에 대전 유성에서 첫 모임을 가졌다. 나를 기준으로 선배 두 분과 후배 서른쯤 모였다. 반가움에 잔칫집과 다름없었다. 다시 대학 시절로 돌아가 소타기, 하극상 게임도 했다. 술 취한 어느 후배는 선배에게 맞은 몽둥이맛을 잊지 못하겠으니 제발 몇 대만 때려달라고 사정했다.

일회성으로 끝날 것 같았던 모임은 일 년에 두 번의 정기 행사가 되었다. 우리들 고향이 대구인지라 회장과 총무는 대구에서 맡았다. 모임은 계속되었지만, 처음처럼 참석 인원이 많지 않았다. 선배 두 분도 이런저런 사정으로 나오지 않았다. 잘나가는 후배들도 한 번씩 나와 생색만 내었다.

서울에서 오기 힘들다 해서 모임 장소를 여주, 용인으로 옮겨보았지만, 대구 열 명에 서울 두세 명이 전부였다. 모임은 대구를 지키는 마이너리그들만의 모임으로 전락했다.

또 다른 문제는 고정된 회원이라 신규가 없다는 점이었다. 선배는 평생 선배고 후배는 평생 후배였다. 처음 몇 번을 당연한 듯 설거지를 맡아 하던 후배들이 십 년이 지나도 그 일을 면치 못하자 불만을 드러냈다. 모임을 계속해야 하나 하는 고민에 빠졌다.

대구를 지키는 굽은 소나무들이 대책모임을 가졌다. 이런저런 얘기를 나누었지만, 결론은 '잘난 그들도 언젠가는 돌아온다. 우리가 고생스럽더라도 모임을 지키자.'고 마음을 모았다. 모임의 제일 선배인 내가 방파제가 되어야 했다. 내가 무너지면 더는 버틸 수가 없을 지경이었다. 모임의 안타까운 모습은 쉽게 바뀌지 않았다.

세월은 강물처럼 흘렀다. 우리들의 모임은 계속되었다. 가족 동반으로 방식이 바뀌어 부인은 물론 애들도 함께 모였다. 세월이 또 흘러 애들은 자라 따라오지 않고 부부 모임이 되었다.

기다린 보람이 있었다. 주위만 맴돌던 후배들이 추억을 찾아 문을 두드리기 시작했다. 나이 들어 고향을 찾듯 하나둘 돌아왔다. 자리가 잡히자 가장 뜨거운 열정을 보였던 그 시절이 그립고, 그때 그 사람들이 모여 있는 우리 모임을 찾게 되는 것은 인지상정이었다.

지금은 모두가 가족 같다. 돌아와 줘서 고맙고, 돌아올 때까지 기다려줘서 고맙다고 한다. 우리들은 굽은 소나무라 선산을 지켰다고 말하면 그들은 고향을 지킨 큰바위얼굴이라고 치켜세운다. 어니스트처럼 인격적으로 완성된 사람은 아니지만, 고향을 지키고 모임을 유지한 보람을 느낀다.

　오늘 만났으니 내년 봄이 되어야 다시 만난다. 그때는 아직 참석하지 않은 후배들의 얼굴을 보았으면 좋겠다. 좋은 장소를 정해 '집합'을 한번 외쳐봐야겠다.

샴푸냄새

오랜만의 서울 나들이다. 친한 친구가 사위를 본다고 해서 만사를 제치고 올라왔다. 휘황찬란한 이름의 호텔이다. 앉은 자리에 식사가 나온다. 와인도 곁들인다. 가벼운 부조 봉투를 생각하니 아내와 함께 오지 않은 게 다행이다 싶다.

결혼식이 벌어지는 무대를 보는데 자꾸 부딪치는 얼굴이 있다. 그녀다. 내가 친구 잔치 왔듯이 그녀도 그렇게 왔을 것이다. 기억은 삼십 년 전으로 되돌아간다.

전화기 너머에서 들려오는 그녀의 목소리는 의외로 담담했다. 몇 년 만의 통화인데도 놀람도 호들갑도 없었다. 나의 결혼 소식을 알렸다. 얕은 한숨 소리가 들리는 듯했지만, 곧바로 축하한다고 말했다. 그녀의 근황이 궁금했지만 묻지 않았다. 그녀는 시간을 내어 오겠다는 말뿐 결혼식장에 보이지 않았다.

나와 그녀는 초등 5학년 때부터 편지를 주고받았다. 우리 학교로 전근 오신 선생님의 소개로 편지를 주고받기 시작했다. 그때 그녀는 청송에 살았지만, 중학생 때 서울로 전학을 갔다. 처음에는 시골아이라고 얕보다 도리어 내가 대구 촌놈 취급을 당했다.

우리는 탁구공처럼 편지를 보내고 받았다. 편지를 받고 며칠 지나면 뒤통수가 뻐근해 답장하지 않고서는 견딜 수 없었다. 별 내용도 없는 편지를 수년간 이어갔다. 시간이 흐르면서 마음에는 의무감 같은 것이 생겼고, 그것이 생활이 되어 버렸다. 그렇게 서로 이름과 남녀인 것만 알고 끈질기게 편지를 했다.

마침내 고등학생이 되어 우리는 만났다. 대구로 내려오겠다는 편지에 그녀의 사진이 들어있었다. 처음 본 그녀의 사진은 묘한 감정을 불러일으켰다. 책으로 상상했던 주인공을 영화를 통해서 만난 기분이었다.

동대구역에서 그녀를 처음 보았다. 출구를 통과하여 그녀가 나에게로 다가왔다. 사진 속의 그녀였다. 나는 편지로는 무슨 말이든 했지만 실제로 앞에 서자 머뭇거려졌다. 그녀가 먼저 손을 내밀었다. 사진보다 키가 좀 작은 듯했고, 얼굴의 여드름이 도드라져 있었다. 하지만 예쁜 눈과 미소에 내 마음은 금방 그녀에게 빠져들었다.

그녀를 데리고 집으로 갔다. 동생들과도 인사를 나누었다. 여자들끼리는 금방 친해졌다. 그녀는 우리 집에 잠깐 들렀다가 이모집에 가서 자려고 했다. 짧은 시간 동안에 정이 든 어린 여동생이 매달려 우리 집에서 자기로 했다. 마침 부모님은 시골에 제사 지내러 가셨다. 우리는 이불 속에 발을 넣고 얘기꽃을 피웠다. 시간이 늦어 큰방에 동생들과 그녀의 이불을 펴주고 나는 내방으로 건너왔다.

잠이 쉽게 오지 않았다. 한참 동안 들려오던 소곤거리는 소리가 멎었다. 잠시 후 그녀는 내 방문을 살며시 밀고 들어왔다. 나는 반갑게 맞았다. 춥다며 이불 속으로 들어오라고 했다. 잠시 머뭇거리더니 아랫목으로 쏙 들어왔다. 우리는 무슨 말을 해야 할지 어떤 행동을 해야 할지도 몰랐다. 그녀는 어색한 분위기에 얕은 숨소리만 몇 번 내더니 잘 자라며 나가려 했다. 그녀를 다시 당겨 안았다. 그녀의 머리카락에서 샴푸 냄새가 났다. 그렇게 안고 한참 동안 가슴만 콩닥거렸다.

아침에 눈을 뜨자 그녀가 생각이 났다. 우렁각시처럼 혹 사라지지는 않았을까 염려되었다. 그녀는 동생들과 아침밥을 차리고 있었다. 너무 다정하게 보였다. 그녀에게 내방에서 언제 나갔냐고 귀엣말로 물었더니 그냥 웃었다. 풋풋한 샴푸 냄새가 웃음을 타고 내 기억에 입력되었다. 그렇게 첫 만남은 몇 년의 편지보다 우리를 가깝게 했다.

대학생이 되어 축제 마당에 파트너가 있어야 했다. 그녀에게 오겠냐고 전화했다. 당시 그녀는 재수생이었지만, 단숨에 내려왔다.

"대구에서 찾지, 꼭 재수하고 있는 나를 불러야 했냐?" 하고 말은 그렇게 했지만, 당연히 자신이 와야 할 자리처럼 당당하게 행동했다. 마지막 밤차로 그녀를 보내며 우리는 헤어짐을 아쉬워했다. 돌아서며 눈을 감는 그녀의 뺨에 입술을 맞추었다. 옅은 샴푸 냄새가 아쉬움과 함께 내게 전해졌다.

입영 통지서를 받았다. 그녀를 만나러 서울로 갔다. 그녀는 학교 캠퍼스로 나를 데리고 갔다. 눈 덮인 캠퍼스는 인적이 없었다. 우리는 하얀 눈 위에 발자국을 남기며 걷고 또 걸었다. 어느새 그녀의 손은 나의 외투 주머니에 들어있었다. 입대를 앞둔 사나이와 그를 보내는 여인이 긴 시간 헤어짐이 안타까워 밤을 하얗게 새웠다.

전역 후 다시 복학했다. 그녀는 대학원에 진학했다. 대구에 내려온 그녀는 내가 졸업하면 서울로 갈 계획이 있냐며 물었다. 요즘도 그렇지만 당시도 지방에서 서울로 취직은 너무나 힘들었다. 어려울 것 같다고 말했다. 그녀의 얼굴에 실망하는 모습이 지나갔다.

졸업은 했지만, 오라는 데는 없었다. 이곳저곳 닥치는 대로 일했다. 정화조 공장에서 막일하고, 가스레인지 대리점에서 영업도 했다. 그러다 보면 적당한 사업 거리를 찾을 수 있을 거로 생각했다.

그즈음 그녀가 다시 내려왔다. 아직 자리를 잡지 못한 나는 그녀를 잡을 수가 없었다. 그녀도 나에게 자신의 인생을 맡길 희망을 보지 못했다. 그날 처음으로 언니 집에 데려다 달라고 했다. 가는 차 안에서 우리는 별말을 하지 않았고 라디오에서 흘러나오는 노래는 이별의 전주곡처럼 들렸다. "조금만 기다려 달라.", "어렵지만, 같이 시작해보자."라는 말이 화산처럼 목구멍으로 치밀어 올랐지만 차마 못 했다. 그녀는 거절할 테고, 나는 거절당하는 게 죽기보다 싫었다.

직장을 찾아 매천동 농산물시장에서 일하게 되었다. 친척 아저씨가 그곳에서 큰 가게를 운영하고 계셨다. 아저씨는 힘든 일부터 배워야 한다고 하며 고방 일을 내게 맡기다시피 했다. 마늘철, 김장철이 되면 하루 꼬박 근무해야 했다. 밤에 산지에서 농산물이 오면 하차하였다가 낮에 작업하여 판매하니 쉴 시간이 없었다. 그러면서 조금씩 그녀를 잊기 시작했다.

그녀도 연락이 없었다. 나를 잊어가고 있다는 걸 느낄 수 있었다. 그때 본 그녀의 모습이 마지막이었다는 생각이 나의 심중에 자리 잡았다. 그녀와의 인연은 그쯤 해서 접기로 했다. 기억 속의 샴푸 냄새도 지웠다. 지우기는 쌓은 기간의 몇 배가 필요하다는 말이 맞는가 보았다. 한참 동안 내 가슴에 남아 떠돌아다녔다.

그녀가 먼저 웃는다. 나도 따라 웃는다. 그녀가 자리에서 일어나 다가온다. 나도 반사적으로 일어나 그녀에게로 간다.

"왜 오지 않았어?"

"가기가 그렇대."

둘은 삼 십 년을 뛰어넘어 어제 일처럼 얘기한다.

"잘 지내지?"

"그럼. 너도 잘 지내지?"

서로 궁금한 건 많지만, 묻고 대답하기가 쉽지 않다. 기약도 없는 다음을 기약한다. 악수하며 돌아설 때 그녀의 머릿결에서 샴푸 냄새 대신 짙은 향수가 풍긴다. 내 기억 속의 그녀를 밀어낸다. 이제는 그녀를 지울 수 있을 것 같다.

야구 중계와 연속극

아들과 야구 중계를 보고 있다. 응원하는 팀이 막 역전의 기회를 잡고 있어 손에 땀이 흐른다. 투 아웃 만루, 공이 투수의 손을 떠나고 타자가 치려고 노려보는 순간 아내가 어디서 나타나 다짜고짜 채널을 연속극으로 돌린다. 아들은 "엄마!"하고 외치고는 나를 쳐다본다. 당연히 내가 리모컨을 뺏어 다시 야구 중계를 틀리라 여기는 듯하다. 그렇게 하려는데 순간적으로 연속극에 몰입되어 야구는 잊어버리고 그냥 빠져든다. 아들은 "아빠!"하고 외치더니 나를 배신자 보듯 한 번 쳐다보고는 제방으로 들어가 버린다.

지금 나는 큰 병을 앓고 집에서 쉬고 있다. 주위 모든 분의 염려 덕분에 조금씩 회복되어 가고 있다. 가장 걱정하시는 분은 역시 부모님이다. 어디 가다가 맛있는 것, 몸에 좋은 것을 보면 꼭 사 오신다. 지난달에는 효험 좋다고 소문난 한의원에 들러 한약을 두 재나지어 오셨다.

아내는 부모님의 자식 걱정이 좋기도 하지만 자신의 고생은 아랑곳하지 않는 부모님께 섭섭해하는 것 같았다. 아내가 하루 두 번 따뜻하게 데워 주어 벌써 한 재를 다 먹어 간다. 한약 덕인지 몸이 가벼워져 가까운 산에도 오르고 친구들을 만나기도 한다.

며칠 전 약속이 있어서 친구를 기다리고 있었다. 그런데 이상하게도 문을 열고 들어오는 친구의 어깨가 넓어 보이고 가슴도 푸근하게 느껴졌다. 친구가 멋있다는 걸 새삼 느꼈다. 내 가슴이 약하게 두근거렸다. 무슨 말을 나눴는지는 모르겠고 친구만 쳐다보다 돌아왔다.

하루는 집에 혼자 남아 텔레비전을 이리저리 돌리다 요리 프로그램에서 멈추었다. 무심코 보는데 나도 충분히 할 수 있을 것 같고, 하고 싶은 마음도 생겼다. 시장에 가서 재료를 구해 프로그램에서 배운 대로 만들어 보았다. 아내와 아들은 맛있다면서도 변한 내 모습을 이상하다는 듯 보고 또 보았다.

어제는 오랜만에 어머니가 오셨다. 어머니는 집안에 들어서며 아내에게 몸이 어떠냐고 물으셨다. 아내는 시큰둥하게 "그저 그래요"라고 대답했다. "아범은" 하고 묻자 더 볼멘소리로 그게 좀이라고 말끝을 흐렸다. 아내는 내가 한약을 먹고부터는 통 곁에 가지 않아 걱정하는 중이었다.

어머니는 집안을 둘러보시다 갑자기 놀란 목소리로 "아범은 왜 한약을 안 먹냐"고 물으셨다. 아내는 "왜 안 먹어요. 데워서 하루 두 번 꼬박꼬박 대령하는데요." 했다. 내가 듣기에도 말에 짜증이 묻어났다. 어머니는 "먹기는 무얼 먹었단 말이고? 뜯지도 않았구먼" 하시며 며느리를 야단치셨다. 아내는 억울하다는 듯 "한 재 다 먹어 가는데 어머님은 왜 그러셔요" 하며 다 비워가는 약 박스를 내밀었다. "이게 어디 아범 끼고? 너 끼지." 하는 어머니의 말을 듣는 순간 약 박스 옆에 적힌 아내의 이름이 보였다

어머니는 내 한약을 한 재 짓고, 내 병간호하랴 살림하랴 그것도 힘든데 돈까지 번다고 고생하는 며느리가 눈에 밟혀 아내 것으로 또 한 재를 지으셨다. 어머니가 약을 가져오셨던 그날은 우리 부부는 외출 중이었고 둘째 아들이 집에 있었다. 아들은 게임을 하던 중이라 제 할머니가 하는 말은 한쪽 귀로 흘려버려 우리에게 전달하지 않았다. 아내는 당연히 둘 다 내 것이라 여기고 정성껏 데워 주었다.

한 달 동안 보이지 않던 박스에 적힌 아내의 이름이 그제야 보였다. 조금만 신경 썼다면 충분히 볼 수 있는 크기로 선명하게 적혀 있었지만 우리는 그동안 보지 못했다. 아내의 얼굴에는 만감이 교차했다. 한약을 사준 어머니에 대한 고마움, 받은 그날 고맙다고 전화 드리지 못한 죄송함, 자기 한약을 내가 다 먹어버린 아까움, 그러나 그것보다는 내가 먹어 잘못 되지는 않을까하는 걱정에 안절부절못했다.

세 사람은 한동안 말이 없었다. 이미 물은 엎질러진 후였다. 지금 철없는 아들을 혼낸들, 서로의 세심하지 못한 것을 탓한들 무슨 소용이 있겠는가. 아내는 더는 공손할 수 없는 목소리로 어머니에게 한약 지을 때 뭐라 하셨냐고 물었다. 어머니는 "고생 많이 한다 했다. 그리고 생리통도 심하다고 했지. 원장님이 여성호르몬 많이 생기도록 지었다더라"고 대답하셨다.

그렇지 않아도 나는 감성이 풍부하여 눈물이 많은 편이다. 드라마나 영화에서 슬프거나 감격스러운 장면이 나오면 어김없이 손수건을 흠뻑 적신다. 그런 내가 한 달 동안 여성호르몬이 왕성하게 분비되었으니 부엌 출입을 하였고, 연속극에 재미를 붙였으며, 심지어 아내 곁에는 가지 않았고, 친구의 넓은 어깨를 보며 가슴이 두근거렸나 보다.

오늘 아침 일찍, 어머니는 아내의 한약을 가지고 오셨다. 어제 돌아가시는 길에 한의원을 들르신 것 같았다. 아내는 죄송하고 고맙다며 머리를 몇 번이나 조아렸다. 어머니도 네가 건강해야 한다며 아내의 손을 꼭 잡아주고 가셨다.

이번 해프닝은 서로의 사랑을 확인하고 잔잔한 행복마저 느끼며 마무리되었다. 지금은 정체성의 혼란을 겪고 있지만, 한의사가 세월이 지나면 다시 좋아진다고 하니 믿어본다. 그 세월이 어느 만큼인지는 모른 채 오늘도 리모컨을 들고 야구 중계와 연속극 사이에서 고민하고 있다.

쌍화차

내가 직장생활을 할 때였다. 우리 회사는 사장 친구들의 아지트였다. 사장이 있든 없든 몇 명만 모이면 밤낮을 가리지 않고 노름을 했다. 그런 곳에는 자연스레 다방 아가씨의 출입이 잦았다. 주변에 다방이 몇 군데 있었는데 매상이 많다고 소문나서 사장실을 두고 벌이는 쟁탈전이 불꽃 튀었다.

아침이면 한 아가씨가 생수를 가져다 놓고 사장실 청소를 깨끗하게 하고 갔다. 또 다른 다방 아가씨는 화병의 꽃을 며칠마다 갈았다. 다방마다 새로 아가씨가 오면 예쁘게 단장하고 인사를 하러 왔다. 사실 그런 수고는 아무 소용 없었다. 우리 회사의 사정을 모르니 그럴 수밖에 없었으리라.

우리 회사는 건축자재 납품회사였다. 우리에게 제일 중요한 건 건설회사의 구매 키맨을 찾는 일이었다. 겉으로 보기엔 회사마다 자재구매과가 있지만, 회사의 특성에 따라 사장이 직접 관여하기도 하고 간부 중에 누가 전담하는 경우도 있었다. 말단 직원이지만 사장의 친인척이라 키맨인 경우도 있었다. 여러 경로를 통해 정확하게 알아내야 하는데 잘못 알아 빈집 보고 대포 쏜 경우도 허다했다.

우리 회사 커피 주문의 키맨은 바로 나였다. 사장실에서 다방에 직접 전화하지 않았다. 경리에게 인터폰으로 "커피 몇 잔" 하면 끝이었다. 그러면 경리는 내가 정해준 순서대로 주문했다. 사장실에 배달 왔다고 사무실 직원을 우습게 아는 아가씨와 올 때마다 넉넉하게 담아와서 직원들에게 한 잔씩 나눠주는 아가씨는 달리 대했다. 그 판단을 내가 했다.

어느 날 근처에 새로운 다방이 들어섰다. 개업 떡을 돌리고 돌아가는 아가씨의 실루엣이 햇빛에 늘씬하게 드러났다. 막 문을 열고 나가려는 아가씨를 불렀다. 이름을 물으니 '성아'라고 했다. 얼굴도 몸매만큼 예뻤다. 우리 회사에서 커피 주문하면 성아씨가 가져오라고 했다. 그녀는 아직 우리 사장실의 위력을 모르는지 시큰둥하게 대답하며 갔다.

그날따라 커피를 삼십 잔 넘게 여러 번 시켰다. 성아가 세 번째 왔을 때 경리는 그녀에게 평소에는 몇 개 다방에 나누어 주문하는데 오늘은 개업집이라서 그런지, 아가씨가 예뻐서 그런지 그 집에만 주문하라네요 하며 나를 가리켰다. 성아는 내게 고맙다고 인사하며 다방에 꼭 놀러 한번 오라고 했다.

저녁에 직원과 회사 근처에서 술자리가 있었다. 직원이 술값을 치러 미안한 마음에 성아도 볼 겸 그 다방에 들렀다. 개업날이라 입구에는 화환이 줄지어 서 있었다. '성아'는 보이지 않아 다른 아가씨가 안내하는 구석진 자리에 앉았다. 어디 갔냐고 묻자 자기가 더 예쁘지 않냐면서 옆자리에 앉았다. 나를 성아에게 관심 갖고 찾아온 속 빈 취객쯤으로 여겼다.

그 아가씨는 내 손을 자기 허벅다리 사이에 끼우고, 가슴으로 내 몸을 으깼다. 앞에 앉은 직원은 민망해하고 나는 당황하여 어찌할 줄을 몰랐다. 놀라 들이켠 숨을 내뱉기도 전에 그 아가씨는 자기도 한 잔, 마담도 한 잔해도 되냐고 콧소리로 물었다. 금방 대답을 하지 않자 다리 사이에 끼인 내 손을 안쪽으로 당겨 팬티에 닿게 했다. 감전된 듯 나도 모르게 그러라는 소리가 터져 나왔다. 그로써 상황 끝이었다. 아가씨는 무슨 일 있었냐는 듯 아무렇지 않게 주방으로 쌍화차 넉 잔을 외쳤다. 아침도 아니고 야심한 밤에 무슨 쌍화차냐고 따지려다 그 아가씨의 쳐다보는 눈매가 만진 값이라고 말하는 듯해 꿀꺽 삼켰다.

사약 마시듯 쌍화차를 들이키는데 성아가 왔다. 옆에 앉자 그 아가씨가 같은 거로 한 잔 더 가져왔다. 늦은 밤에 쌍화차를 마시는 걸 좋아하는 아가씨가 있을까. 성아는 못 마시겠다고 했다. 비싼 돈 주고 시킨 걸 남길 수 없어 내가 대신 건더기까지 빡빡 긁어먹었다.

바보가 된 기분으로 더는 앉아 있을 수 없었다. 술 냄새를 씻으려고 마신 찻값이 술값보다 더 많이 나왔다. 계산하고 문을 나서며 다시는 이 다방 커피 안 시킨다고 마음먹었다. 성아가 마담에게 무슨 말을 하고 마담이 당황해하는 모습을 보며 차에 올랐다. 대리운전을 부를 생각이었지만, 올 때까지 기다릴 기분이 아니었다.

홧김에 한잔 더 하려고 가는 데 앞에 이상한 불빛이 보였다. 음주단속 중이었다. 재수 없으려니 줄줄이 연속이었다. 돌릴 수도 멈출 수도 없는 외통수였다. 경찰이 내미는 종이컵에 힘껏 훅 불었다. 걸렸다고 생각하여 도망갈까, 돈을 줄까, 아니면 검찰에 있는 친구에게 전화할까 고민하는데 경찰이 한약 냄새가 나는데 무슨 약 드셨냐고 물었다. 순간 기지를 발휘하여 감기가 걸렸는데 아버지가 병원에 입원하셨다는 연락이 와서 쌍화탕 두 병 마시고 가는 길이라고 둘러댔다.

커피 한 잔 마시고 왔으면 예외 없이 잡혔을 텐데 진하게 태운 두 잔의 쌍화차 덕에 위기를 모면하고 보니 미웠던 마음이 눈 녹듯 가시었다. 나를 걱정해서 준 건 아니지만, 그 다방의 장삿속 덕에 무사히 집으로 갈 수 있었다. 다시는 그 다방에 커피를 시키지 않으려 했는데 한번 봐주고 싶은 마음이 생겼다. 작심 삼십 분도 되지 않았다.

이튿날 아침, 밤새운 타짜들이 커피를 주문했다. 전화한 지 얼마 되지 않아 성아와 마담이 달걀 띄운 쌍화차를 넉넉하게 가져왔다. 마담이 어제는 미안했다며 쌍화차 값을 되돌려 주었다. 오늘부터 주문이 오지 않을 줄 알았는데 전화해 줘서 고맙다고 고개를 몇 번이나 숙였다. 덕분에 직원들도 쌍화차 한 잔씩 맛있게 먹었다. 음주단속 얘기는 접어두고 한번은 용서해 줄 테니 앞으로 잘하라며 다독거려 보냈다.

세상 모든 일이 순리대로 흘러가지 않는다. 불확실성의 시대에 언제 무슨 일이 생길지 모르고 어떻게 변화될지 모른다. 어렵고 힘든 일이 생기더라도 모든 것에 감사하는 마음을 가지다 보면 좋은 일이 되어 돌아올 수도 있다.

예측불허

참 세상일은 모를 일이다. 십 년 뒤, 이십 년 뒤는 고사하고 한 달 뒤에 일어날 일도 알 수가 없다. 증권가에서는 한 시간 아니, 십 분 뒤의 상황만 정확히 알 수 있어도 부자가 될 수 있다고 한다. 미래를 예측하는 게 그만큼 어렵다는 얘기다.

편의점을 그만두자 시원섭섭한 마음이 들었다. 채산성을 따지자면 벌써 문 닫아야 했었지만 매일 출근하던 일터가 사라지고 보니 아쉽기도 했다. 다시 일터를 만들고 싶었다. 실패할 확률이 낮고 내가 잘할 수 있는 것을 생각해 보았다.

먼저 요즘 대세를 이루고 있는 커피 체인점을 떠올렸다. 내가 직접 커피를 내리고 서빙도 하는 자그만 커피집을 상상했다. 소문이 나면 가게도 조금 키우고 직원도 한 명 둔다. 깨끗한 양복에 나비넥타이를 하고 정중하게 서빙하는 내 모습을 그려보면 그리 나쁘지 않아 보였다.

　다음으로 생각한 것은 음식점이었다. 내 요리 솜씨가 예사롭지 않다는 말은 자주 들었다. 소고깃국, 잉어찜, 장조림은 기본이고 갈비찜은 맛을 본 주부 앞에서 직접 시범을 보이기도 했다. 처음 해보는 요리도 인터넷을 뒤적이면 문제없이 해내었다. 집에 손님이 와서 아귀찜, 아귀 수육을 처음 해서 내었더니 정말 처음이냐고 믿지 않았다.

　마음이 있다고 해서 당장 실행에 옮길 수가 없었다. 나는 커피집이나 음식점을 하기에는 치명적 결점이 있었다. 냄새를 맡지 못하는 것이다. 집안으로 들어서며 아내가 난향에 취한다고 말했지만 나는 그냥 난꽃이 예쁠 뿐이었다. 사월에 온 정원을 가득 메운 라일락 향기도 맡지 못했다. 음식을 할 때도 냄새보다는 맛을 보면서 요리했다.

　별 불편 없이 단지 냄새만 못 맡는다고 생각했는데 그렇지 않았다. 의사는 축농증이 보이고 물혹도 있다며 수술을 권했다. 얼마나 아픈지 해본 사람만 아는 코 물혹 제거 수술을 받았다. 정말로 아팠다. 평생 냄새 안 맡아도 되니 수술을 멈추자고 하고 싶었다. 새 일터를 위한 일념으로 어금니를 꽉 물었다.

　수술 부기가 가라앉고 코안을 막고 있던 솜뭉치를 빼냈다. 며칠이 지나자 그동안 맡지 못하던 냄새를 맡을 수 있게 되었다. 커피 향을 손으로 저어 코로 보내 보았다. 상큼하고 구수한 향이 몸속으로 들어왔다. 그동안 커피를 헛 마셨다는 걸 깨달았다.

　냄새는 맡을 수 있게 되었지만, 커피집이나 음식점을 시작하지 못했다. 내가 음식에 소질이 있다 한들 우물 안 개구리가 아닐까 하는 걱정이 들었다. 더는 장사하기 싫어하는 마음도 한몫했다. 취업하기로 마음을 굳혔다. 몇 달의 구직노력 끝에 환경공단 수목관리직으로 취업했다. 고생하며 취득해두었던 원예교사 자격증이 면접관의 마음을 움직이는 데 한몫했다.

　처음 출근하는 날 소장께 인사하러 갔다. 지켜볼 테니 꾀부리지 말고 열심히 하라고 했다. 의외였다. 신입사원에게 하는 말로는 "열심히 해주길 부탁한다. 문제가 있으면 언제든지 말해 달라. 우리 회사를 지원해줘 고맙다."가 기본인데 구세대 전형인 고압적인 자세를 보여주었다.

　방을 나서며 나도 공무원이 되었더라면 이곳 소장이 될 수도 있었을 텐데 하는 생각이 들었다. 물론 시험을 친다고 반드시 된다는 보장은 없었다. 그때는 경쟁률이 지금처럼 높지 않아 관심을 두고 공부를 했다면 충분히 되었지 않을까 싶다. 사실 공무원은 워낙 박봉이라 당시 취준생들에게 통신공사나 한전과 비교하면 관심이 낮았던 게 사실이다.

　내가 대학을 졸업하고 강산이 세 번도 더 바뀌었다. 지금의 공무원은 어느 직종보다도 신분과 정년이 확실하게 보장되고 있다. 그때 만약 지금 공무원들의 처우를 알았더라면 머리 싸매고 공부를 하였을 것이다. 삼십 년이 지나 이렇게 변할 줄 내가 어찌 알 수 있었겠는가.

환경공단은 하수를 처리하는 기관이다. 별도로 분뇨와 음식물 처리시설도 있다. 공단 곳곳에 악취가 나고 특히 분뇨처리시설은 헛구역질이 날 지경이다. 근무자들은 특수 마스크를 쓰기도 하고 심지어 냄새 못 맡는 수술도 한다고 했다. 내가 이 냄새 맡으려고 그 아픈 수술을 감행했던가 후회막심하였다. 이럴 줄 알았으면 수술하지 말 것을 그랬다면 내게 딱 맞는 직장인데, 석 달 앞도 내다보지 못하면서 삼십 년 전을 자책하는 내가 바보스럽고 우스워졌다.

우리 인생은 수많은 착각과 실수로 이루어진다. 그때 그랬더라면 하는 소리는 누구라도 몇 번쯤 할 수 있다. 삼십 년 전에 공무원 시험을 쳤더라면, 코 수술을 하지 않았더라면 정도는 약과다. "그때 강남 뽕밭을 사야 했는데." 하는 소리는 돈 없는 사람들의 단골 푸념이 되었다.

사람들은 미래를 예측하지 못한다. 변화무쌍한 세상을 어떻게 내다보며 살 수 있겠는가. 자신이 바라는 대로 펼쳐지지 않는다고 자책하거나 비관할 필요는 없다. 잘살아 보겠다고 한 노력은 반드시 어떤 방식이든 대가를 준다. 나는 현재 주어진 상황에 맞춰 성실하게 하루하루를 살아갈 뿐이다.

방황의 끝

편의점을 접었다. 7년 동안 아등바등 버티어왔지만, 아무리 생각해 봐도 답이 없었다. 막상 집에 쉬고 있으니 막막했다. 돈은 되지 않더라도 출근할 데는 있었는데 앞날이 걱정이었다. 새로운 사업을 구상하기에는 엄두가 나지 않았고 취직하기에는 마땅한 기술도 없었다. 그렇다고 놀기에는 공부하는 아들이 있었고, 나이도 아까웠다.

큰 회사를 경영하는 친척, 친구들에게 부탁하면 곳간지기 한 자리야 구하겠지만 그러지 않았다. 아쉬운 소리 하기도 싫었고, 누구 덕에 취직했다는 소리는 더욱 듣기 싫었다. 구인 광고를 훑기 시작했다. 자격만 되면 두드렸다. 머리 대신 몸을 요구하는 곳뿐이었다.

각오는 했지만, 쉽지 않았다. 찾지 않으려 했던 장애인 취업 사이트를 열었다. 내가 장애인은 맞지만, 왠지 반칙을 쓰는 기분이

들었다. 거기에도 내 자리를 만들어놓고 기다리지 않았다. 이력서를 수없이 보냈지만, 돌아오는 곳은 없었다.

　어느 날 모某 공단에서 장애인 기간제 수목관리원을 모집한다는 공고를 보았다. 근로자의 일정 부분을 장애인으로 고용해야 하는 법이 있었다. 나를 위한 자리처럼 느껴졌다. 대학에서 조경을 전공했고, 원예 교사자격증도 있으니 자격도 되거니와 장애인 중에 나만큼 온전하게 힘쓰는 사람도 드물었다. 나를 본 담당자는 기쁨을 감추지 못했다. 그동안 장애인은 업무 인력에서 제외되다시피 해왔다. 담당자는 면접을 보고 돌아가는 나를 주차장까지 따라오면서 10년 동안 근무해주기를 바란다며 곧 연락해주겠다고 했다.

　원래 마감일이 3월 15일로 되어 있었던 구인광고가 내가 다녀온 1월 20일에 바로 내려졌다. 원하던 사람을 구했다는 뜻이었다. 그 사람이 나라는 예감은 들었지만, 확신은 금물이었다. 흐르지 않을 것만 같았던 하루가 지나자 합격했다는 연락이 왔다.

　일은 적당히 힘들었다. 같이 일하던 동료들과 금방 친하게 어울렸다. 앞으로 만 65세까지 근무해야 하는 직장이라 나무 한 그루, 풀 한 포기도 예사로 보지 않았다. 환경공단에 어울리게 정화淨化라고 새겨진 비석이 있었다. 아침, 저녁으로 보면서 마음과 몸을 정화해 갔다.

　나뭇잎이 다 떨어지자 계약 기간이 끝났다. 봄에 다시 보자고 인사를 나누고 집으로 돌아왔다. 다시 돌아갈 봄까지 많은 변화가 생겼다. 소장이 바뀌었고, 최저 임금이 사상 최고로 올랐다. 소득주도성장이 정부의 경제 모토였다. 계산해보니 임금이 수월찮게 올랐다. 시급이 오르는 게 꼭 좋은 일은 아니었다.

봄이 되어도 다시 오라는 연락이 없었다. 먼저 전화를 했다. 10년 일해 달라고 애원했던 담당자는 소장이 장애인을 두 명이나 취업시켜 내 자리는 없다고 했다. 특혜인 장애인이라는 계급장을 버리고 일반인과 같이 지원했다. 고배를 마셨다. 지난해까지만 해도 주목을 받지 못한 직장이었지만, 최저 임금의 상승으로 경쟁률이 하늘을 찔렀다.

당연히 봄이 되면 일하러 간다고 생각하다 날벼락을 맞았다. 그때야 부랴부랴 다른 일자리를 알아보았다. 공단의 다른 영업소를 찾아다녔다. 작년에 일하던 곳에 재계약하지 못한 것이 면접에서 치명적 감점 요인이 되었다. 내 입으로 그 이유를 설명해야 했다. 아무리 그럴듯하게 변명해도 면접관은 내가 무슨 문제를 안고 있다고 생각했다.

장애인이라고 모든 곳에서 가산점을 받지 못했다. 모집 공고에는 장애인 우선, 10점 가산 등 혜택이 표시되어 있어도 막상 면접을 보면 더운 여름에 별일 없겠어요 하며 걱정을 했다. 규정상 꼭 뽑아야 하는 경우를 제외하고는 기피한다는 것을 면접관의 말꼬리를 들으면 알 수 있었다. 장애인 기재란이 있는데 안 쓰는 것도 규정 위반이 될까 지원서를 쓸 때마다 망설여졌다.

꼭 될 거라 믿었던 곳에서도 합격자 명단에 이름이 없었다. 그곳은 꼭 장애인을 뽑지 않아도 되는 곳이었다. 미련을 털어내고 다음 목표인 공단 동부사업소에 원서를 냈다. 처음에는 장애인이라는 것을 밝히지 않았지만, 생각을 거듭하다 마지막 날에 장애인을 밝히는 서류를 추가했다. 면접 날이 정해졌다. 비록 수목관리직이지만 깨끗하게 차려입었다. 장애인이라도 작업 능력은 일반인 못지않다고 힘주어 말했다. 작년에 같은 공단에 근무했던 경력과 장애인 가산점을 보태 합격하였다.

동부사업소는 지난해 일했던 사업소와는 비교도 안 될 만큼 작은 곳이었다. 수목관리 직원은 단둘이었다. 그의 나이는 나보다 한 살이 위였지만 친구로 지내기로 했다. 그는 이 년째 그곳에서 일했다. 한 해 동안의 경험을 살려 일의 순서를 매끄럽게 정했다. 나는 그의 말만 듣고 따르면 되었다. 둘이 마음을 맞추자 일은 일사천리였다. 관리팀장은 흡족하여 내년에도 우리 둘을 쓰고 싶다고 했다. 작년 일을 얘기하며 한 번 속지 두 번 속지 않는다고 하자 팀장은 허허 웃으며 걱정하지 말라고 했다. 가을이 끝나자 내년에 다시 만나자고 악수하며 헤어졌다.

나라의 경제가 해를 거듭할수록 어려워져 갔다. 최저 임금의 급상승으로 자영업자들은 사지로 내몰리고, 통상외교 능력은 있는지 없는지 기업의 방패가 되지 못하고 오히려 부담되었다. 일자리

창출을 위해 예산을 수십조 쓰고도 공무원 수를 늘리거나 일회성으로 대학교 불 끄는 단기직을 만들 뿐 근본적인 방법을 찾지 못했다. 수명이 늘고, 노동 정년이 길어지자 60대들은 실버 일자리가 부족하다고 성토했다. 경제정책, 노동정책 입안자는 발등에 불이 떨어지자 아랫돌을 빼서 윗돌로 쓰는 정책을 내놓았다.

  다시 봄이 되자 공단 수목 관리직 모집 공고가 떴다. 그러나 우리는 닭 쫓는 개 신세가 되었다. 실버 일자리라서 만 60세가 넘어야 지원할 수 있었다. 정년은 70세로 늘어났다. 실버 일자리 개수 늘리기에 혈안이 되어 어떤 일을 어떻게 하는지 알아보지도 않고 결정한 것이다. 정년이 되어 집에 갔던 영감님들이 다시 불려와 예초기를 잡고 전기톱으로 나무를 벨 것이다. 그래도 영감님들은 웬 횡재냐며 줄을 섰다.

  작년에는 소장 때문에, 올해는 정부 정책의 피해자가 되어 분루를 삼켰다. 남을 탓해 무엇하랴. 어차피 기간제가 아니었던가. 기간이 끝나면 그만둬야 하고 다시 계약해야 일할 수 있는 파리 목숨 같은 존재였다. 다시 또 고난의 구직 길을 나서야 했다.

  같은 처지에 놓인 동료들과 구직 정보를 나누었다. 우리가 지원할 수 있는 곳은 경북농업기술원, 앞산공원, 가창댐과 같은 수도정수장 등 몇 곳이 있었다. 기술원에 모인 구직자는 시대의 아픔을 보는 듯했다. 젊은이부터 나이 지긋한 영감님들까지 구름처럼 모였다. 몇 년 전만 하더라도 거들떠보지도 않던 일자리였다. 면접을 보려 대기하고 있는데 한 동료가 K대학교 도서관에 지원해보라고 했다. 무기계약직이라 정년이 보장된다고 하고는 그날이 마감이니 서둘러야 할 거라고 했다.

집에 와서 바로 서류를 준비했다. 자기소개서를 A4 용지 2장 분량으로 써야 했다. 시간은 촉박했지만, K대학교와 도서관의 인연과 내가 그곳에서 일해야 하는 필연성을 강조하여 거뜬히 써 내려갔다. 원서를 제출하러 K대학교에 간 날은 졸업식이 있었다. 한 졸업생이 사각모를 쓰고 본관을 배경으로 사진을 찍고 있었다. 저들도 나처럼 어디엔가 취업원서를 냈겠지. 실업자 양성소가 돼버린 대학 졸업식이 즐겁지만 않아 보였다.

서류심사가 통과되었다며 면접 일시를 알려왔다. 내가 선택한 부서에서는 최종 3명을 뽑는데 서류 통과자가 10명이었다. 남자가 세 명이었는데 내가 생각할 때 그중 내가 제일 점수가 높을 것 같았다. 만약 남자를 한 명 뽑는다면 내가 되리라는 기대를 했지만, 여자 7명의 경력이 만만찮아 욕심은 내지 않았다.

다음날 또 다른 곳에 제출할 서류를 만들고 있는데 문자가 왔다. K대학교에서 합격자가 발표되었으니 확인해보라고 했다. 가슴 조이며 확인하는데 내 이름이 있었다. '공 * 현'으로 중간자를 없애고 발표되었다. 기쁨보다는 놀람 그 자체였다. 방학이라 집에 있던 아들과 힘껏 껴안았다. 아내, 아버지에게 합격 소식을 전했다.

이제 방황은 끝났다. K대학교 총장의 직인이 찍힌 근로계약서와 연봉계약서를 받아들고 보니 감개무량했다. 공단이 실버일자리로 바뀌지 않았다면 해마다 그곳을 두드리며 가슴 졸였을 테다. 나에겐 그것이 오히려 전화위복이 되었다. 내년, 내후년에도 일할 곳이 정해졌으니 일자리 구하는 고생은 끝이 났다. 간절히 바라면 이루어지는 걸까. 좌절하지 않고 끝까지 도전한 보람을 느낀다. 이젠 즐겁게 일할 일만 남았다.

빙고

　　　　　　　　　　　　　　빙고가 터졌다. 평생 만나지 못할 것 같았던 두 선의 교차점에 드디어 불이 들어왔다. 그렇게도 빙고가 되냐고 콧방귀 끼는 사람도 있지만, 내 가슴은 해냈다는 벅찬 감동으로 가득 차 있다.

　우리 집은 교육자 집안이다. 아버지가 교장으로 퇴임하셨고, 아들은 교사 4년 차다. 내 밑으로 동생 셋이 나란히 교직에 몸담고 있다. 삼대가 만나는 중간점과 사남매가 만나는 첫 점인 내 자리만 교육자에서 빠진 모양새가 되었다.

　나도 교사가 될 수 있었지만 사업의 길로 접어들었고, 일이 꼬일 때마다 그러지 않은 것을 후회하며 살았다. 기간제 교사가 있다는 것을 진작 알았더라면 지원해 볼 수도 있었는데 이순이 다 되어서야 그런 길도 있다는 것을 교사인 친구를 통해 알았다.

　친구의 권유로 기간제 교사직에 지원했다. 서류 심사에 통과되어 면접 보러 갔다. 몇 번 입지 않은 검은 정장을 차려입고 오라는 시간보다 훨씬 일찍 갔다. 차 안에 앉아 몇 명이 오는지 헤아려 보았다. 주차장에 들어오는 차는 몇 대 되지 않았다. 생각보다 비율이 낮아 은근히 합격을 기대했다.

차가 몇 대 오지 않아 한적할 거라 생각한 대기실은 웬걸 콩나물 시루처럼 학생인지 선생인지 모를 사람들로 가득 차 있었다. 내가 점잖게 차려입고 문을 열고 들어가자 모두 교장인 줄 알았던지 벌떡 일어났다.

주위를 둘러보자 내가 올 곳이 아니란 걸 깨달았다. 그렇다고 돌아오기도 쉽지 않았다. 휴대폰을 거둬가고는 시험이 끝나야 돌려준다고 했다. 과목별로 지정된 교실로 인솔했다. 수업안을 작성 후 강의를 하라는 것이었다. 친구의 말만 듣고 너무 쉽게 생각했었다. 책을 덮은 지 삼십 년이 넘어 수업안은 고사하고 문제도 이해하지 못했다.

머리에는 온통 가시방석을 어떻게 벗어날까하는 생각뿐이었다. 옆 지원자들은 시간이 아까운 듯 무엇을 계속 써내려가고 있지만, 나는 시간이 끝나기만 기다렸다. 강의 시간이 되어 내 차례가 되었을 때 부끄러움을 무릅쓰고 용서를 빌었다. 내가 생각해도 염치없다며 사죄하고 휴대폰만 돌려주시면 아무 소리 않고 돌아가겠다고 읍소했다. 교장과 면담이 남았다고 잠시만 기다리라는 말을 못 들은 척하며 뒤도 돌아보지 않고 뛰쳐나왔다.

기간제라도 교사가 되어 빙고를 외치고 싶었지만 내 마음처럼 되지 않았다. 빙고를 완성시킬 다른 방법을 찾아보았지만 이번 인생에서는 없을 것 같았다.

오르지 못할 나무는 그만 쳐다보기로 하고 나의 형편에 맞는 직장을 찾았다. 그 동안 해왔던 수목관리원을 뽑는 농업기술원과 공원관리소와 정수장 등에 지원서를 냈다. 옛 동료의 권유로 대학 도서관에도 지원서를 내었다.

당연히 되리라 여겼던 농업기술원에서 고배를 마셨다. 해당분야 학사 우대라고 적혀있어 농학사에 원예교사자격증 소지자인 나로서는 떼놓은 당상이라고 생각했었다. "장애인인데 여름 뙤약볕을 견디겠어요?" 하고 물었던 면담자의 말꼬리가 아프게 떠올랐다.

국립대인 K대학교는 별 기대를 않았다. 합격만 하면 더할 나위 없이 좋지만, 내겐 과분했다. 무기계약직으로 정년 보장은 물론 회계직원으로 공무원과 별 차이가 없는 자리였기 때문이었다. 면접을 보면서도 마음을 비우고 묻는 말에 또박또박 대답을 했다. 글 쓰는 사람으로 도서관 근무란 꿈이요 목표라고 얘기 할 때는 수필 한 편을 쓰듯 매끄럽게 이어갔다.

될 거 같이 믿었던 농업기술원에서 퇴짜 받은 내가 K대학교에 합격할 줄 누가 알았겠는가. 며칠 근무하며 들은 바로는 이번 공모는 퇴임한 반장을 대신 할 신임 반장을 뽑는 자리였다. 학력, 풍채는 물론 도서관과 어울리는 수필가라는 타이틀도 점수를 보탠 것 같았다.

합격 소식을 가족에게 알렸더니 모두 좋아하셨다. 아버지는 어디가서 인사할 때 도서관은 말하지 말고 K대학교만 해라, 그러면 다 교수인 줄 안다하며 농담 중에 속마음을 드러내셨다. 문과 성향인 나에게 이과를 권했고, 대학 졸업 때 교직을 재차 강요하지 않았다고 안타까워하신 아버지였다. 아버지가 기뻐하니 나도 멍에를 하나 벗은 듯 홀가분해졌다. 크게 내세울 직장은 아니지만, 나의 능력과 나이를 생각한다면 조상의 음우陰佑가 있었음이 틀림없었다.

일이 시작되자 아침 근무에 늦지 않으려고 잠을 설쳤다. 깊이 잠들지 못하고 자주 깨었다. 하루는 새벽에 깨어나 가만히 생각해보니 나 때문에 완성하지 못한 빙고 판이 한 개가 더 있었다. K대학교 빙고 판이었다. 도서관 입구에는 "K대학교 가족만 입장 가능합니다."라는 팻말이 붙어있었다. 그 밑에 작은 글씨로 재학생, 직원, 졸업생이라고 적혀있었다.

아버지, 큰아들 뿐 아니라 세 동생이 모두 K대학교를 졸업하고 교차점에 있는 나만 Y대학교를 나왔다. 이제 내가 K대학교에 근무하니 빙고를 외칠 수 있게 되었다. 이번 생에서 포기하다시피 했던 빙고를 이루다니 꿈만 같았다.

꿩 대신 닭이라고 교사로 빙고를 만들지 못했지만, K대학교로 만들었다. 가족 모두의 공약수인 교사, K대학교에 끼지 못했던 내가 이렇게 자격을 갖추니, 남들이 어떻게 생각하든 기쁘고 뿌듯하다. 마지막 화룡점정을 이룬 내가 외쳐본다. 빙고!

발 문

표면적 재미와 이면적 아픔

공도현의 수필은 재미있다. 그의 편편의 글들은 언제나 우리를 미소 짓게 한다. 그의 「아들 장학생 만들기」는 재미의 정점이다.

요즘에는 대학에서도 집안 형편에 따라 장학금을 주는 모양이다. 강남에 사는 학생은 대출금이 많은 아파트에 산다는 이유로 저소득층으로 분류되고, 지방의 값싼 아파트에 사는 아들은 융자가 없다는 이유로 장학금을 받지 못한다. 독자로서 실소를 금치 못하게 하는 대목이다. 온가족이 합심하여 빚을 만들어 차를 사고 장학생 만들기에 성공했다는 결말에서는 폭소가 나온다.

수필 「빙고」는 또 어떤가. 작가의 아버지는 지방 국립 K대 출신이다, 동생들도 뒤따라 모두 K대 출신이 되었다. 아들마저 K대를 졸업하여 3대가 동문이 되자 지방 Y대 출신인 작가는 외톨이가 된다. 각고의 노력 끝에 작가가 K대 도서관의 계약직 직원이 되면서 드디어 K대 판 빙고를 완성하게 된다.

공 작가의 등에는 이미 재미있는 글을 쓰는 사람이라는 꼬리표가 붙어 있다. 세상만사 재미가 없으면 보이지 않고 들리지 않고 아예 읽히지 않는 시대에 그의 수필은 가독성이 높다는 부러운 장점을 가졌다.

하지만 공 작가의 글을 재미로 읽고 재미로만 기억한다면 이는 오독誤讀이다. 밥을 씹지 않고 그냥 삼킨 것과 같다. 표면적 재미에 빠져 이면적 주제를 놓친 것이다.

문학은 표출로 쓰고, 재미로 읽으며 감동으로 남는다. 결국 감동이 되어야 한다. 어떤 수사학적 기교로 문학을 포장한다 해도 이 세 가지의 간명한 과정과 성격을 벗어날 수 없다. 수필도 마찬가지다. 수필가가 되었으니까 글을 쓰는 것이 아니다. 삶의 앙금이 목구멍까지 차오를 때 수필가는 비로소 각혈하듯 펜을 든다. 작가의 표출을 감동이라는 목적지까지 무사히 실어 나르는 수단과 방법이 재미다. 그러니 재미 재미하다 보면 감동은 슬그머니 사라져 버릴 수 있다. 작가의 각혈은 파적거리 미완의 문장과 다를 바 없게 된다.

공 작가의 수필은 결코 우스개가 아니다. 그의 글은 이미 문학적 의미화에 익숙한 수준에 이르렀다. 그를 이해하기 위해 불가피하게 그의 집안을 들추어내게 됨을 깊이 혜량하기 바란다.

내가 작가가 된 이유가 있다면 집안 분위기 때문이다. 아버지는 영남 수필문학회장을 지낸 공진영 수필가이다. 큰삼촌은 창원문협회장을 지낸 공영해 시조시인이고, 막내삼촌은 대구문협회장을 지낸 공영구 시인이다. 막내숙모는 수필세계작가회장을 지낸 백금태 수필가이다. 명절날 내가 쓴 글을 내놓으면 빨간 펜을 든 문인 선배들이 순서대로 붉은 흔적을 남기며 지나갔다. -'작가의 말'에서

그는 공자의 후예로서, 문인가문의 후대로서 탁월한 문재文才를 이어받은 것이 분명해 보인다. 주변 환경이 그를 문단에 발을 들여놓게 한 것도 의심의 여지가 없다.

그런 그가 첫 수필집을 냈다. 수필집 제목이 『아픈 만큼 사랑합니다』이다. 살짝 당혹스럽게 하는 제목이다. '아픈 만큼 성장합니다'라는 어느 카피문구에 익숙해서인지 솔직히 심심하다는 느낌이 앞선다. 하지만 고민 끝에 지었을 이름이다. 그러니 작가의 고집을 헤아려 보지 않을 수 없다. 자, '아프다'고 했으니 그 아픔이 궁금해진다. '사랑한다'고 했으니 누구를 어떻게 왜 사랑하는지 궁금해진다.

작가를 이해하기 위해 또다시 그의 집안을 들추어내게 됨을 거듭 혜량해 주기 바란다.

우리 집은 교육자 집안이다. 아버지 3형제가 모두 국어를 전공한 교원이었다. 아버지는 교장으로 퇴임했다. 막내 숙모도 교원이었다. 고모도 영양의 어느 초등학교 교장으로 근무 중이다. 내 밑으로 동생 셋이 모두 교직에 몸담고 있다. 아들은 교사 4년차다. 삼대가 만나는 중간점과 사남매가 만나는 첫 점인 내 자리만 교육자가 빠진 모양새가 되었다. 나도 교사 자격증이 있어 교사가 될 수 있었지만 사업의 길로 접어들었고, 일이 꼬일 때마다 그러지 않은 것을 후회하며 살았다. -「빙고」에서

사업을 시작한 아들에게 아버지는 고향의 과수원을 팔아 장사밑천을 대 주었고, 아들은 그 돈을 지인에게 빌려주었다. 도망간 지인을 찾아 지리산 암자에 간 그가 과수원과 바꾸어 들고 온 것은 꿀 한 병이었다. 아들은 아버지에게 암자에서 고시공부를 하는 선배가 주는 것이라 속이고, 아버지는 그 선배가 꼭 고시에 붙어야 할 텐데 하고 화답을 한다. (-「하얀 거짓말」 요약)

그의 첫 수필집 이면을 이해하는데 단초가 되지 않을까 싶다. 그는 「사주」에 또 이렇게 적었다.

나의 사주는 목木이라 밑에 나무가 잘 자랄 수 있도록 수水, 토土가

많아야 하는데 쇠숲만 있으니 돈벌이하고는 담쌓았다. 사업을 벌이면 무조건 망한다. 가만히 있는 게 돈 버는 거다.

듣고 보니 딱 맞았다. 돌이켜보면 결혼하고 아무것도 하지 않았다면 지금보다 훨씬 잘 살고 있을 거라는 생각이 들었다. 사업한다고 말아먹은 돈이 한두 푼이 아니었다. '그래, 난 아무것도 하지 않았어야 했어. 지금부터라도 그렇게 해야지.' 하고 마음먹었다.

그는 많은 직업을 거쳐왔다. 번듯하게 중고자동차매매업을 했고, 생계수단으로 그 고되다는 편의점도 운영했다. 무스탕을 걸치고 금시계를 차기도 했다, 결국 그의 말대로 모두 말아 먹었다. 그런 그에게 뇌출혈이 달려들었다.

지금의 모습으로 서 있기까지 그에는 아픔이 많았고 컸고 길었다. 우리에게 미소를 주던 재미는 그에게는 아득한 아픔이었다. 아파서 아픈 것이 아니라 지난날에 대한 아쉬움과 안타까움과 억울함과 후회 같은 만감의 아픔이다. 회고와 성찰에서 우러나는 눈물 같은 아픔이다. 그 아픔의 글 속에 가장 많이 등장하는 인물은 아내다. 그리고 아버지다. 아내와 아버지는 언제나 머리맡에서 그를 내려다보고 있었다. 혹독한 재활의 공간에서도 그와 함께 있었다. 환경공단 수목관리원으로 취직이 되었을 때 가장 기뻐한 사람도 아내와 아버지였다. K대 도서관에 채용

되었을 때 가장 먼저 기쁨을 전한 곳도 아내와 아버지였다.

작가의 첫 수필집 제목은 『아픈 만큼 사랑합니다』이다. 고민하고 망설이면서 붙인 제목이 아니다. 분명 오래 전부터 이미 준비해 놓았던 제목이다. 그러니 이 한 권의 수필집은 "아파서 미안합니다. 아파서 죄송합니다"하고 엎드려 바치는 눈물의 헌정서獻呈書이다. 그는 재미있는 수필가가 아니라 감동이 있는 수필가다.

홍억선(한국수필문학관장)

우리시대의 수필 작가선

아픈만큼 사랑합니다

공도현 2019

초판 1쇄 펴낸 날 | 2019년 7월 20일
초판 2쇄 펴낸 날 | 2019년 9월 20일

지은이 | 공도현
엮은이 | 이유희
편집인 | 이숙희
발행처 | 수필세계사

출판등록   2011. 2. 16 (제2011-000007호)
41958 대구광역시 중구 명륜로 23길 2
TEL (053) 746-4321 / Fax (053) 793-8182
E-mail / essaynara@hanmail.net

값 12,000원
ISBN 979-11-85448-50-3

* 이 책의 판권은 지은이와 수필세계사에 있습니다.
  양측의 서면 동의없이는 무단 전재 및 복제를 금합니다.